Tui Ná
Massagem Chinesa

Tratado de Medicina Esotérica Chinesa

CIP-BRASIL. CATALOGAÇÃO-NA-FONTE
SINDICATO NACIONAL DOS EDITORES DE LIVROS, RJ

C461t

Chien, Tse Lin
Tui ná massagem chinesa : tratado de medicina esotérica chinesa /
Tse Lin Chien. - 1. ed. - São Paulo : Ícone, 2015.
252 p. : il. ; 24 cm.

ISBN 978-85-274-1278-0

1. Medicina chinesa. 2. Saúde. I. Título.

14-17338   CDD: 615.892
                                                      CDU: 615.814.1

Lin Chien Tsé

Tui Ná
Massagem Chinesa

Tratado de Medicina Esotérica Chinesa

Brasil - 2015

Ícone
editora

SUMÁRIO

Índice das Figuras, **12**

Dedicatória, **18**

Agradecimentos, **18**

Sobre a minha estória, **19**

Considerações Gerais sobre a Massagem Chinesa, **24**

Tui Ná, **25**

Tui Ná não é reflexologia!, **30**

Sobre a Mão, **31**

Treino – Mão do Médico, **38**

Sobre a origem das doenças, **40**

Pense no simples, **43**

Sobre a Massagem, o Tui Ná, **48**

Percepções, **51**

Efeitos, **53**

O Pá Kuá, o ambiente e a doença, **56**

Todos estão depressivos?, **59**

Sobre os pontos, **60**

Os pontos de abertura, **62**

Pontos, **70**

Expressão, **70**

Localização, **72**

Ponto de Mágoa, **74**

Localização, **74**

Acúmulo emocional, **75**

Localização, **75**

Pontos dos Sonhos e Pesadelos, **76**

Pesadelos, **76**

Localização, **76**

Sonhos, **77**

Localização, **78**

Tristeza, **78**

Localização, **79**

Tranquilizador e entrada, **79**

Localização, **79**

Memórias de infância, **80**

Frustração, **80**

Couraças, **81**

Pontos de fechamento, **82**

Pontos de reforço, **84**

Massagem no dorso das mãos, **84**

Pavilhão Auricular, **84**

Pontos de Recuperação, **84**

Ming Men, **86**

Ponto de tonificação do Rim, **86**

B60, Kun Lun, **86**

Pontos Catalisadores, **87**

Pontos de Tonificação, **87**

San Li, **88**

VB41 e TA03, **88**

Ponta dos dedos, **89**

Ponta superior das orelhas, **89**

Massagem no rosto, **89**

Quinto pododáctilo, **89**

Problemas e onde suas consequências se apresentam, **90**

TERRA, **91**

Baço, **91**

Pâncreas, **91**

Estômago, **91**

Duodeno, **91**

Músculo trapézio, **92**

Cervical, **92**

MADEIRA, **93**

Fígado, **93**

Vesícula biliar, **93**

Tendões, **93**

Joelho, **93**

ÁGUA, **94**

Rim, **94**

Bexiga, **94**

Aparelho genital e urinário, **94**

Ossos, **94**

Ouvidos, **94**

METAL, **95**

Pulmão, **95**

Intestino grosso, **95**

Pele, **95**

Esclerótica, **95**

FOGO, **95**

Coração, **95**

Intestino Delgado, **96**

Veias e artérias, sangue, **96**

A sequência dentro das massagens, **96**

Observação sobre a massagem dentro de uma mesma família, **97**

Ordem de importância entre os membros, **97**

As Manobras do Tui Ná, **99**

Atuação básica, **99**

As Manobras, **100**

NAM – Pressionar depositando peso, **101**

MO – Alisar as fibras, **103**

ROU – Massagem circular, **103**

NIE – Pinçar, **104**

IAO – Girar articulações, **105**

TUEI – Empurrar e pressionar, **107**

NÁ – Pegar e Esticar, **110**

NOU – Deslocar pressionando e parando, **111**

LUM – Reunir e sustentar, **112**

DIEN – Pontuar, **113**

DJAN – Vibrar, **114**

FUÔ – Alisar suavemente, **115**

FÚ – Acariciar, **116**

IÁ – Depositar, **116**

P'ÁI – Palmadas, **118**

KOU – Bater com a ponta dos dedos, **119**

TSOU – Girar as mãos, **120**

TSUEI – Bater com o punho, **121**

KUN – Massagem em ondas, **122**

DIOU – Agarrar, **123**

LÁ – Esticar, **124**

TSÁ – Alisamento, **125**

UO – Cumprimentar, **125**

NIIM – Polegar sobre os olhos, **126**

DJI – Reunir sedando, **127**

KUÁ – Eliminar impurezas, **127**

TUO – Suspender, **130**

TSUÁ – Agarrar, **131**

A sequência genérica dentro das massagens:, 131

Sequência pormenorizada do Tui Ná, **132**

Com o paciente sentado, **132**

Com o paciente deitado em decúbito ventral, **140**

Massagem na parte anterior, **148**

Massagem nos pés, **162**

Mapa de pontos dos pés, **164**

Parte superior do pé, **164**

Parte interna do pé – Medial, **167**

Parte superior/externa, **169**

Sola dos pés, **172**

Os movimentos e suas manifestações, **177**

O Metal, **177**

Pulmão e Intestino Grosso, **182**

MERIDIANO PRINCIPAL DO PULMÃO –
MERIDIANO TAI YIN DA MÃO, **184**

Pontos de Tui Ná, **185**

MERIDIANO DO INTESTINO GROSSO –
MERIDIANO YANG MING DA MÃO, **188**

Pontos de Tui Ná, **189**

A Terra, **193**

O Estômago, **195**

MERIDIANO DO ESTÔMAGO –
MERIDIANO YANG MING DO PÉ, **196**

Pontos de Tui Ná, **198**

O Baço-Pâncreas, **203**

MERIDIANO DO BAÇO – MERIDIANO TAI YIN DO PÉ, **204**

Pontos de Tui Ná, **205**

O Fogo, **208**

O Fogo Imperial, **208**

Coração, **210**

MERIDIANO DO CORAÇÃO –
MERIDIANO SHAO YIN DA MÃO, **212**

Pontos de Tui Ná, **212**

Intestino Delgado, **214**

MERIDIANO DO INTESTINO DELGADO –
MERIDIANO TAI YANG DAS MÃOS, **215**

Pontos de Tui Ná, **216**

A Água, **218**

Bexiga, **220**

MERIDIANO DA BEXIGA – MERIDIANO TAI YANG DO PÉ, **221**

Pontos de Tui Ná, **222**

Rins, **226**

MERIDIANO DOS RINS – MERIDIANO SHAO YIN DO PÉ, **227**

Pontos de Tui Ná, **228**

Fogo Ministerial, **230**

Pericárdio, **233**

MERIDIANO DO PERICÁRDIO –
MERIDIANO JUE YIN DA MÃO, **233**

Pontos de Tui Ná, **234**

Triplo Aquecedor, **235**

MERIDIANO DO TRIPLO AQUECEDOR –
MERIDIANO JOVEM YANG DAS MÃOS, **235**

Pontos de Tui Ná, **236**

Madeira, **237**

Vesícula Biliar, **239**

MERIDIANO DA VESICULA BILIAR –
MERIDIANO SHAO YANG DO PÉ, **241**

Pontos de Tui Ná, **242**

Fígado, **244**

MERIDIANO DO FÍGADO – MERIDIANO JUE YIN DO PÉ, **245**

Pontos de Tui Ná, **246**

Vasos Maravilhosos, **247**

VASO (MERIDIANO) REN MAl (VASO CONCEPÇÃO)
– MERIDIANO EXTRAORDINÁRIO – YIN, **248**

Pontos de Tui Ná, **250**

VASO (MERIDIANO) DU MAI (VASO GOVERNADOR)
– MERIDIANO EXTRAORDINÁRIO – YANG, 250

Pontos de Tui Ná, **250**

Apêndice, **252**

Índice das Figuras

Figura 1 – Símbolo do Tai Chi., **30**

Figura 2 – O indivíduo e a sua relação com a Energia., **32**

Figura 3 – Divisão da Medicina Tradicional Chinesa., **36**

Figura 4 – Caminho da doença sobre a linha da vida saudável., **37**

Figura 5 – Palma da mão com sentido da energia para captação., **38**

Figura 6 – Emanação da Energia., **38**

Figura 7 – Forma Humana., **42**

Figura 8 – Pá Kuá dividido em Casas ou Mansões., **56**

Figura 9 – Nam – a energia espiralada saindo através da mão., **102**

Figura 10 – Mo nas paravertebrais., **103**

Figura 11 – Rou, massagem circular., **104**

Figura 12 – Nie, movimentos antagônicos, pinçar., **104**

Figura 13 – Detalhe de pinçar nos ombros., **105**

Figura 14 – Iao, girando as articulações,
sentidos opostos alternadamente., **105**

Figura 15 – Iao, torcendo a articulação do punho., **106**

Figura 16 – Iao, direcionando o joelho em direção
ao peito antes de rotacionar para o lado oposto da perna., **106**

Figura 17 – Iao, rotacionando a bacia da direita
para a linha média., **107**

Figura 18 – Tuei (1) da região lombar para o meio das costas., **107**

Figura 19 – Tuei (2) do meio das costas aos ombros., **108**

Figura 20 – Tuei (3) dos ombros para os braços., **108**

Figura 21 – Tuei (4) dos braços até os cotovelos., **109**

Figura 22 – Tuei (5) até os cotovelos., **109**

Figura 23 – Ná, utilizando a força estacionária do corpo para tracionar o pescoço., **110**

Figura 24 – Ná, esticando a articulação do cotovelo, na direção oposta., **110**

Figura 25 – Nou, pressionando com a faca da mão e arrastando., **111**

Figura 26 – Lum, reunir sustentando, acumular a energia em um local para depois dispersá-la., **112**

Figura 27 – Dien, manobra Bico de Pato no pontuar., **113**

Figura 28 – Djan, vibrar ativando a área, removendo ou dissipando os bloqueios da energia., **114**

Figura 29 – Fuô, massagem suave para idosos., **115**

Figura 30 – Fuô ao redor do umbigo., **115**

Figura 31 – Fú, acariciar, a energia espiralada emanada pela mão no "acariciar"., **116**

Figura 32 – Iá, aquecendo e transmitindo o Chi., **117**

Figura 33 – Iá, no momento após o aquecimento, existe a transferência da Energia., **117**

Figura 34 – P'ái, palmadas dentro da ativação., **118**

Figura 35 – P'ái, a energia é emanada no toque ao paciente., **119**

Figura 36 – Kou, ao bater com as pontas dos dedos da mão, há a ativação e emanação do Chi., **119**

Figura 37 – Tsou, movimento de torcer., **120**

Figura 38 – Tsuei, bater com a mão em punho e "vazia"., **121**

Figura 39 – Kun, movimentos em ondas e arranhar com as pontas dos dedos., **122**

Figura 40 – Diou, agarrar e puxar para fora, primeiro em Nie., **123**
Figura 41 – Diou, depois de agarrar, segurar e retirar puxando para fora., **123**

Figura 42 – Lá, esticar, mas primeiro aquecer esfregando., **124**

Figura 43 – Lá, depois de aquecer, esticar a articulação., **124**

Figura 44 – Tsá, empurrar com força, para a liberação
da energia estagnada., **125**

Figura 45 – Uo, agarrar e soltar (1)., **125**

Figura 46 – Uo, agarrando e soltando (2)., **126**

Figura 47 – Uo, agarrando do cotovelo até o pulso (3)., **126**

Figura 48 – Niim, polegar sobre os olhos., **126**

Figura 49 – Dji, espremer para sedar ou retirar., **127**

Figura 50 – Kuá, riscando com uma aliança., **128**

Figura 51 – Kuá, visão de cima com uma aliança de borda lisa., **128**

Figura 52 – Kuá, fazendo linhas paralelas (detalhe do riscar)., **129**

Figura 53 – Tuo, suspender ao centro., **130**

Figura 54 – Tsuá, agarrando leve com os cinco dedos., **131**

Figura 55 – Lao Hun, CS08 sobre o VG20, Pae Huei., **132**

Figura 56 – Massagear o topo da cabeça., **132**

Figura 57 – Despertar o Centro das Cem Reuniões., **133**

Figura 58 – Bater levemente com as pontas dos dedos., **133**

Figura 59 – Bater em todo o couro cabeludo., **133**

Figura 60 – Agarrar os cabelos pelas raízes., **134**

Figura 61 – Agarrar e fazer movimentos circulares., **134**

Figura 62 – Bater o Tambor do Céu., **135**

Figura 63 – Bater o Tambor do Céu, ativando a Hipófise., **135**

Figura 64 – Puxar as orelhas para a frente para o bater., **136**

Figura 65 – Bater o Tambor do Céu sobre as orelhas., **136**

Figura 66 – Tracionar o pavilhão auricular para baixo., **137**

Figura 67 – Puxar a orelha para estimular os rins., **137**

Figura 68 – Massagem ou pontuar na concha inferior., **138**

Figura 69 – Massagear abaixo da linha do cabelo na nuca., **138**

Figura 70 – P'ai, palmadas., **139**

Figura 71 – Kou, bater com as pontas dos dedos., **139**

Figura 72 – Tsuei, soco vazio., **139**

Figura 73 – Nou, alisamento com a faca da mão., **140**

Figura 74 – Nie, pinçando., **140**

Figura 75 – Massagem mais forte em áreas maiores., **141**

Figura 76 – Massagem sobre os rins., **141**

Figura 77 – Ativando a energia da coluna, desde o cóccix..., **142**

Figura 78 – Até a cervical, cuidando para não pressionar
o pescoço do paciente., **142**

Figura 79 – Alisamento feito com os polegares
pelas paravertebrais., **142**

Figura 80 – Desbloqueio da região lombar., **143**

Figura 81 – Desbloqueio do meio das costas., **143**

Figura 82 – Desbloqueio dos ombros., **143**

Figura 83 – Massagem até os cotovelos.,**144**

Figura 84 – Massagem terminando nas mãos., **144**

Figura 85 – Massagem circular., **144**

Figura 86 – Rou, massagem pelas laterais da perna., **145**

Figura 87 – Massagem até os pés., **145**

Figura 88 – Ativar o trocanter., **145**

Figura 89 – Desbloqueio em pinça., **146**

Figura 90 – Nie seguindo o meridiano da VB., **146**

Figura 91 – Nam, pressão depositando peso., **146**

Figura 92 – Ná, com a utilização da mão em punho., **147**

Figura 93 – Tracionar a perna pelos tornozelos., **147**

Figura 94 – Massagem na parte superior da testa., **148**

Figura 95 – Massagem do centro para as laterais
até a proximidade das orelhas., **148**

Figura 96 – Massagem desde a parte superior até a inferior., **148**

Figura 97 – Massagear do centro para fora,
aliviando tensões, inclusive das costas., **149**

Figura 98 – Lum entre as sobrancelhas., **149**

Figura 99 – Massagear partindo do centro., **149**

Figura 100 – Massagem para as laterais, na parte superior., **150**

Figura 101 – Massagem na parte inferior., **150**

Figura 102 – Massagem até as laterais., **150**

Figura 103 – Massagem acima dos lábios, no centro., **151**

Figura 104 – Massagem para as extremidades., **151**

Figura 105 – Massagem do centro para as laterais., **151**

Figura 106 – Massagem na parte inferior dos lábios., **152**

Figura 107 – Massagear as laterais do nariz., **152**

Figura 108 – Pontuar em IG20., **152**

Figura 109 – Massagem de E08 através do maxilar., **153**

Figura 110 – Massagem até a ponta do queixo., **153**

Figura 111 – Massagem no RM17., **153**

Figura 112 – Abrir para as laterais das mamas., **154**

Figura 113 – A massagem inicia-se sob a axila., **154**

Figura 114 – A massagem termina na região da bacia., **154**

Figura 115 – Massagem do fígado ao baço., **155**

Figura 116 – Massagem unindo Madeira e Terra., **155**

Figura 117 – A Madeira se alimenta de sua esposa, a Terra., **155**

Figura 118 – Sangue e Energia unidos.

Agora, o movimento vai da Terra à Madeira., **156**

Figura 119 – Retorno ao início., **156**

Figura 120 – Massagem circular ao redor do umbigo., **156**

Figura 121 – Mo, no Tân Tien.,**157**

Figura 122 – Nie nos pontos do Pulmão., **157**

Figura 123 – Nos meridianos Yin, é usado menos força., **157**

Figura 124 – Massagem até a extremidade das mãos., **158**

Figura 125 – Área sensível! Massagem mais leve., **158**

Figura 126 – Massagem passando pelo ponto da mágoa., **158**

Figura 127 – Massagem seguindo até a extremidade do trajeto., **159**

Figura 128 – Massagem dos dedos das mãos., **159**

Figura 129 – Nie nas pontas dos dedos., **159**

Figura 130 – Usar o polegar no Meridiano da VB., **160**

Figura 131 – Os pontos dolorosos podem ser desfeitos

ao se passar pela área., **160**

Figura 132 – Seguir o Meridiano da VB., **160**

Figura 133 – Massagem subindo pela parte interna das pernas., **161**

Figura 134 – Massagem mais leve na parte interna das pernas., **161**

Figura 135 – Nie no Caminho das Águas., **161**

Figura 136 – Mo, alisar no mesmo trajeto., **162**

Figura 137 – Detalhe da massagem no trajeto., **162**

Figura 138 – O Tai Chi Tu, Símbolo do Tai Chi e do YinYang., **163**

Figura 139 – Vista superior do pé., **164**

Figura 140 – Vista medial do pé., **167**

Figura 141 – Vista lateral do pé., **169**

Figura 142 – Pontos de Tui Ná na sola dos pés., **172**

Figura 143 – Minério, o Metal., **177**

Figura 144 – Pulmão., **182**

Figura 145 – Intestino Grosso., **188**

Figura 146 – Estômago, versão chinesa., **195**

Figura 147 – Baço/Pâncreas., **203**

Figura 148 – Coração., **210**

Figura 149 – Intestino Delgado., **214**

Figura 150 – Água, princípio Universal., **218**

Figura 151 – Bexiga, localização e detalhe., **221**

Figura 152 – Rins., **226**

Figura 153 – Ancoragem., **231**

Figura 154 – Esquema do pericárdio., **233**

Figura 155 – Vesícula Biliar, na parte superior à esquerda., **239**

Figura 156 – Fígado., **244**

DEDICATÓRIA

Ao Mestre Liu Pai Lin.
À Linhagem da Porta do Dragão e da Montanha Dourada.
Sem os quais não haveria a possibilidade destes conhecimentos terem chegado até nós.

AGRADECIMENTOS

Obrigado pela participação ativa de minhas alunas, Aurora, Bia, Maira, Norico e Selma no processo de exibição das imagens contidas nas manobras, sem as quais o presente livro ficaria pobre em sua visualização. Apesar de usarmos imagens distorcidas sem a possibilidade de identificação, elas fizeram parte do processo do livro.

Agradeço também a minha filha, Giulia Y. A. Silva, pelo manuseio das imagens.

SOBRE A MINHA ESTÓRIA

Nasci em SP, aos 11 anos comecei meus estudos sobre esoterismo. Minha família mais próxima era também ligada a este assunto e para mim foi natural seguir esta linha de raciocínio. Comecei realizando treinos que seriam desenvolvidos e expandidos pelo meu Mestre muitos anos depois, quando já tinha uma base sobre o assunto.

Gosto de lembrar que fazia práticas rudimentares de meditação, que incluíam o trânsito da energia e de minha atenção pelo meu corpo e pelo cérebro, além de práticas de respiração.

É imprescindível que todos os estudantes de Medicina Tradicional Chinesa tenham uma base esotérica, e entendo que os conhecimentos trazidos por diversos Mestres são subliminarmente inseridos neste contexto, o simples entendimento disto pode clarear a mente ainda mais. "Não caiam no misticismo!", foi um alerta transmitido por meu Mestre que deixo aqui também para os leitores, isso acarretaria na falta de embasamento.

Minha percepção foi se desenvolvendo ao longo de muitos anos de estudo, em especial da Doutrina Hermética. Li dezenas de livros, emprestados muitas vezes de um tio de um amigo de infância.

Indico aqui os Livros de Eliphas Levi, além de um que foi muito importante para mim e que peço aos alunos para lerem ainda hoje: "O Caibalion", pois dentro dele existe a base da Medicina como um todo. Neste são apresentados os sete princípios Herméticos e que batem perfeitamente com os assuntos das aulas com o Mestre Liu; outro seria a "Tábua de Esmeralda" atribuída também a Hermes Trimegisto, complementando-o e acrescentando requinte à visão do mundo que nos cerca. Este mostra uma representação alquímica na figura da própria Tábua de Esmeralda, uma de forma representativa do Mundo como o conhecemos, e é interessante se ater não só a ela, mas também quanto ao resumo apresentado em conjunto no livro.

Os cursos que frequentei girariam ao redor destes mesmos princípios, só que com uma visão peculiar da tradição chinesa, e com treinos ligados a esta cultura. Outros surgiram como os de Da Liu.

A leitura facilitou o entendimento do conteúdo das aulas. Havia encontrado um "Mestre Esotérico Chinês", que me ensinou durante os 15-16 anos seguintes muitas das práticas e do pensamento deste Povo.

Depois, Mestre Liu (*in memoriam*) apresentou-me outro Mestre, Wang Te Chong, com quem estudei, por insistência de minha Professora Luiza Fabrini (*in memoriam*), entre idas e vindas, dez anos, simultaneamente ao primeiro. Com ele tive uma visão prática, e muitas vezes me utilizei disso para traduzir o que o Mestre Liu passava, em todos os aspectos, de movimentos a parte energética dos treinos. Práticas como as Palmas do Hsing Yi Chuan são muito eficazes para o aumento do Yang em nossos corpos e desbloqueio mais rápido, mas são mais violentos também trazendo à tona instintos adormecidos e a agressividade natural do "bicho" ser humano, que adormece por condicionamento e restringe muito de nossa energia natural.

Com isso tudo, aprendi um pouco sobre as três Artes Marciais Internas Chinesas: Tai Chi, ou Tao Gong Chuan, Pá Kuá e o Hsing Yi Chuan. Além de Meditação Chinesa, Chi Kung e as formas de Terapia que utilizo.

Hoje entendo que para atuar com Massagem e com Acupuntura deve-se ter conhecimento sobre as outras facetas da Terapêutica Chinesa, sem as quais nada irá funcionar bem. Esta história que um cursinho de final de semana irá lhe ensinar como tratar um indivíduo, ou ter conhecimento sobre fisiologia sob o ponto de vista ocidental suprirá o que falta do resto, é ignorância. E começar por estes estudos é como entrar em uma exposição de arte pela porta de saída. Você pode até ver algumas obras, mas a exposição inteira e a lógica da mostra serão deixadas de lado.

Comece pelo início, aprenda o Tai Chi, que o prepara para ser "Médico" Chinês; entenda os deslocamentos do Pá Kuá, que são para o "Intelecto" e para movimentação do Chi e Xue, e para as Mutações. Instrua-se sobre o Hsing Yi Chuan, que faz parte do aprendizado do "Guerreiro" dentro do universo clínico semelhante ao cirurgião. Este último dá a frieza necessária para enfrentar as diversas doenças e suas consequências observadas no paciente, além do distanciamento necessário para não se envolver com nenhum deles. A empatia é necessária, faz parte conhecer o paciente e a doença, mas se deixar envolver com o paciente ou com a doença enfraquece o desempenho e o raciocínio lógico necessário e também as decisões que se deve tomar.

Neste ponto, abrindo um parênteses, quero lembrar que muitos pacientes criam uma relação de amor e ódio com a doença desenvolvida e, ao se chegar perto do cerne da questão, eles levam o terapeuta a se enganar sobre o caminho. Daí a importância de se conhecer a fundo os diagnósticos, pois só aceitar a palavra do paciente, como se vem fazendo hoje em dia, é ir numa direção errada ou sem fundamento.

Esta ocidentalização do conhecimento filosófico que dá sustentação ao Todo Terapêutico só enfraquece esta Ciência para que vire uma atração circense e seja colapsada no obscurantismo.

Este rótulo de Medicina Alternativa usado para algo que há mais de 4 mil anos vem tratando grande parte da humanidade é falho! Huang Di, o Imperador Amarelo, reinou na China de 2697 a 2597 a.C. e é a ele associado o Livro que leva seu nome ou o Nei Jing, o Clássico do Imperador Amarelo, dividido em dois tomos, Su Wen e Ling Shu. Seus princípios continuam norteando todos os estudantes até hoje, inclusive aqueles com formação acadêmica em Medicina Ocidental. Fu Xi, o principal reinante histórico e desenvolvedor do sistema aplicado ao I Ching, dos trigramas e hexagramas, esteve presente de 2852 a 2737 a.C. Shen Nong, sucessor deste e antecessor daquele, é considerado com o Imperador Amarelo, introdutores à Medicina a Acupuntura e a Fitoterapia.

A Medicina Ocidental foi seriamente desenvolvida a partir dos séculos XVIII e XIX de nossa era. Muito dos procedimentos foram para atender casos de traumas ocorridos durante os recentes conflitos, como a Guerra da Crimeia (1853-1856), considerada a primeira guerra moderna na qual a renomada Florence Nightingale e a sua profissionalização da enfermagem convergiram positivamente para a sua evolução. A cirurgia somente se tornou um procedimento eficaz após o desenvolvimento da narcose, a anestesia da dor por inalação de gases químicos, fato ocorrido no Hospital Geral de Massachusetts, Boston, em 1816, e com William T.G. Morton, um dentista da mesma cidade que demonstrou primeiramente em público que a inalação de éter seria indicada como anestésico em 1846[1].

Deve-se ter em mente também que anteriormente outras figuras históricas fazem parte da Medicina Ocidental, como o renomado Paracelso, precursor da Medicina, homeopatia, cirurgia, toxicologia e psicoterapia, também alquimista e astrólogo! Não menos importante, devemos nos lembrar de Leonardo Da Vinci, o qual, com seus estudos de anatomia humana, mudou os rumos deste conhecimento. Ambos viveram no século XV.

Historicamente falando ainda, a Medicina Ocidental mantém vinculo com Hipócrates, um grego que viveu na Tessália de 460 a 370 a.C., que foi considerado seu pai.

---

1. Jürgen Thorwald, *O século dos Cirurgiões,* da Ed. Leopardo.

Qualidades e defeitos há em todos, somos complementares. O Mestre Liu Pai Lin falava que, para casos urgentes, a Medicina Ocidental tem prioridade enquanto para casos crônicos a Oriental era melhor.

A apropriação da Medicina Tradicional Chinesa pela Medicina Ocidental é uma afronta à lógica, deles próprios, pois não se pode ainda chegar à comprovação científica pela qual a Medicina Oriental está fundamentada e só isso seria suficiente para que não se restringisse a atuação de Acupuntores não médicos, como se pode observar pela regulamentação da OMS[2] em vigor. Um dia talvez se chegue a entender e provar a fundo os fluxos de energia, suas naturezas diferentes etc. Mas isso não nos dias de hoje.

O que é ilógico também é a postura de certos médicos que não querem ter seus nomes vinculados aos grandes médicos tradicionais chineses com quem estudaram aqui no Brasil.

Obrigado
Lin Chien Tsé, junho de 2014.

---

2. Organização Mundial da Saúde, fundada em 1948 e subordinada à ONU – Organização das Nações Unidas. A OMS tem como origem as guerras do fim do século XIX, como as da Crimeia e México. O referido relatório é o WHO/EDM/TRM/2002.1 com as políticas para o triênio 2002-05.

CONSIDERAÇÕES GERAIS SOBRE A MASSAGEM CHINESA

Escrever sobre algo tão complexo quanto a Medicina Tradicional Chinesa exige muito tempo de apreciação para se mencionar aquilo que realmente se entende como vital ao trabalho. Por isso, muitos aspectos foram mencionados, não diminuindo sua importância, mas deixando para outras instâncias o aprofundamento de tais questões e posicionamentos que não cabem aqui por limitação de espaço. Portanto, em alguns casos, farei referência ao que se deve procurar em textos ou em contato com um professor autorizado. O melhor seria encontrar um Mestre. Esta palavra, em chinês, quer dizer "ancião". Uma pessoa que já viveu muito e que guarda a sabedoria dentro de si, somada a técnica, conhecimento, vivência em campo, resultados da própria vida etc. Não que os jovens não possam tê-las, mas é um lugar/tempo na vida quando os desejos estão mais serenos e a experiência resultou em uma nova abordagem sobre o tema.

Além disso, quero mencionar também que durante os vários anos estudando sob a tutela do Mestre, entendi que os diversos cursos e aulas de que participava funcionavam como um corpo único, não havendo, portanto, uma separação - daí a razão dos assuntos se misturarem tantas vezes e as questões apresentadas em um ponto se resolver em outros. No fundo, percebi que estava frequentando um curso de Tao In ou de como a Energia se movimenta, eram somados os diversos aspectos da MTC sem nunca se esquecer de onde eram provenientes os movimentos, ora da Natureza externa, ora da interna. As grandes circulações do Universo se refletem no microcosmo, e o Homem como ponto central de tudo isso sendo gerador e mantenedor da Ordem Cósmica até pelo simples fato de se fazer a prática do Tao Gum Chuen, ou Tai Chi Chuan. É dentro desse espírito que o texto foi escrito e desenvolvido.

TUI NÁ

Tui Ná quer dizer simplesmente "Desbloquear o que está impedindo e fazer circular o Chi através do corpo"!

A massagem chinesa Tui Ná utiliza-se basicamente do contato com o paciente através das mãos, principalmente de três dedos, médio, indicador e polegar, e este último carrega 50% da "força" da mão.

Usamos também:
- a faca da mão, que compreende a lateral que vai do dedo mínimo até o pulso;
- a mão em forma de soco, sendo seu centro vazio;
- a ponta dos dedos, utilizando-os para bater levemente;
- a faca da mão, como se estivesse amolando uma faca;
- a falange dobrada dos dedos;
- a palmada;
- os cotovelos;
- o antebraço;
- até mesmo o joelho do terapeuta pode ser usado.

Contudo, o princípio ativo que se usa nesta forma de massagem é o Chi do Terapeuta, tanto que se pode até tratar à distância com a projeção deste. Esta Energia pode ser ativada de diversas formas:

A – recolher a atenção no Tân Tien (Ponto do encontro entre a Energia do Céu e da Terra, onde se produz o Chi, 3 dedos abaixo do umbigo, 3 dedos para dentro da pele);

B – treino de energia da mão - Mão do Médico;

C – circulação da Energia pelos meridianos do Corpo;

D – circulação através de Centros de Energia, além da união destes;

E – práticas de Tuei Shou, empurrar as mãos do Tai Chi Chuan;

F – projeção do Chi, com práticas da Espada Tai Chi, por exemplo;

G – Postura da Árvore;

H – automassagem na cabeça;

I – revitalização da Energia Yang, automassagem;

J – sons para a Saúde;

K – união dos cinco movimentos, Meditação;

Dentre muitas outras práticas.

A propósito, vários treinos ensinados pelo Mestre Wang, Grão Mestre de Hsing Yi Chuan, fazem a energia Yang aumentar rapidamente, e aqueles que precisam melhorar a sua própria deveriam treiná-los.

A força física do terapeuta é o que menos importa, pois é o Chi treinado que vale, além da técnica aprimorada. Muitas massagens se utilizam da força bruta, se esquecendo da energia vital, mas é ela que, além de formar nossos corpos, irá recompor os sistemas, o fluxo da energia e suas funções. Muitos estudantes de massagem que conheço se "acabam" fazendo uma sessão de massagem e, em breve, estarão desgastados em sua energia vital e logo, infelizmente, estarão doentes também.

"Um bom treinador de energia é o melhor terapeuta".

Outra coisa importante a se lembrar era encontrada no Instituto Pai Lin que, por curiosidade pedi a uma das alunas mais antigas e tradutora de meu Mestre para que fizesse a tradução do escrito, que dizia: Serenar o Espírito e recolher a Energia!

Muito bem resumido, não acham?

A pressão necessária utilizada nas manobras é como segue:

• nos homens, você pode aplicar até dois quilos de pressão; na média se aplica um quilo ou menos;

• nas mulheres, a pressão pode chegar até 400 gramas, só que aqui temos que levar em consideração que, por elas aguentarem a dor com mais paciência e aceitação do que os homens, deve-se vigiar este limite.

Em minha vivência, notei que uma pressão maior que a devida pode inibir o lugar, como se fosse criado um calo que impedisse o tratamento. Se isso ocorrer, deve-se dissipar a energia acumulada ali para que o lugar volte a responder ao estímulo.

Nestes 25 anos de atuação com o Tui Ná, tive que adaptar esta massagem aos padrões brasileiros de dor. Os orientais como regra aceitam maiores pressões, nós não. Só que, devido a um processo de aculturação ou por condições climáticas e outras questões socioculturais, nem aqueles que descendem de orientais conseguem aguentar tal pressão que um terapeuta de Tui Ná de lá usaria. Portanto, reduzam a pressão, sem torná-la apenas um deslizamento.

Gostaria de lembrar uma frase de meu Mestre: "Massagem boa dói!", mas aqui no Ocidente deve-se ter um pouco de moderação.

Vejo muita gente anunciando esta modalidade de massagem como relaxante, feita com velas acesas, aromas inebriantes e mesmo o uso de óleos que deixariam a massagem prazerosa. A pessoa que apresenta assim o Tui Ná não foi aluna da mesma escola que eu frequentei, não a desmerecendo, mas, como é uma massagem bem direcionada e "Terapêutica", ela vai ao ponto, e mexer onde existe uma "ferida" nunca é agradável, dói mesmo! E a dor pode ser emocional, nem sempre é física.

Quem gostar de massagem relaxante que procure algo neste sentido, sem ilusão de que será o Tui Ná. O Tui Ná é para tratar, se procura agrado que ache um namorado/a.

Ter energia treinada também não é tudo, já que devemos conhecer as teorias básicas dessa arte:

- A filosofia Taoísta e como ela entende o Universo.
- O Chi.
- Tai Chi, Yin e Yang, e suas Leis de funcionamento.
- As Cinco Fases, ou como comumente são chamados os cinco Elementos, fogo, terra, metal, água e madeira e suas interações.
- Os ciclos de geração e controle, diretos (fogo é gerado por madeira e controla o metal, terra é gerada pelo fogo e controla a água, metal é gerado pela terra e controla a madeira, água é gerada pelo metal e controla o fogo, madeira é gerada pela água e controla a terra). A contra geração e o contra controle também devem ser entendidos.
- A transformação do 5 em 8, o Pá Kuá; cabe dentro deste item os Oito Princípios.
- O entendimento do que vem a ser o Céu Anterior e o Céu Posterior, o fluxo de energia no Universo e fluxo no micro universo também;
- As relações entre as partes de nossos corpos: "em cima com embaixo, direita com a esquerda, frente com atrás etc.", que é uma doutrina muito importante, pois, como a arte marcial, nada é feito de forma direta;
- Relação marido-mulher.
- Doutrina do meio-dia e meia-noite.
- O conhecimento dos trajetos dos meridianos e respectivas funções.
- A relação entre meridianos e o que eles representam.
- O entendimento de seu desenvolvimento através do tempo, desde o embrião até o adulto. A propósito, o indivíduo

só está completo a partir do 7° ano de vida, e este estudo começa aí, pois para crianças menores deve-se ter outro entendimento. Após, também se deve tomar o cuidado de saber que as pessoas acima de 60 anos não devem ser tratadas da mesma forma que uma pessoa com idade neste intervalo, entre 7 e 60 anos, pois num idoso, o tratamento deve ser mais genérico, cuidando da pessoa como se estivesse em uma situação de carência e cuidando de todas as partes de forma equânime;

• Diferentemente da acupuntura, não são utilizados somente pontos, utilizamos áreas, o que garante a grande margem de acerto nesta massagem;

• O conhecimento da circulação da energia, dentro do corpo, além daquele que se pode verificar através dos meridianos, é profundamente necessário, pois os centros de energia são essenciais a esta doutrina.

• Existe uma relação entre esta circulação e o tempo, e entre as estações e as épocas do ano. Não siga o que é estipulado por livros de Medicina chineses, pois as condições climáticas, além de diferentes, se enquadram em períodos diferentes daqueles dos ocidentais. Por exemplo, a duração de uma estação aqui no ocidente é de três meses (4x3=12), enquanto na China é de 73 dias aproximadamente (5x73= 365), com períodos iniciais totalmente diferentes. Aqui a estação do ano começa ou no Solstício ou no Equinócio, enquanto lá as datas destes acontecimentos é o meio da estação.

• Os alimentos e as estações do ano, além de nossas necessidades para seguir o fluxo da natureza.

• Práticas taoístas diversas, Tai Chi, Pá Kuá, Hsing Yi Chuan.

Muitos dos assuntos citados foram estudados no Pequeno Tratado de Medicina Esotérica Chinesa, de minha autoria e publicado pela Editora Ícone. Outros temas como a relação da natureza e as condições climáticas e alimentos, Chi Kung, Meditação e práticas serão tratados em outros livros a serem desenvolvidos futuramente.

TUI NÁ NÃO É REFLEXOLOGIA!

O Tui Ná não reflete nada, os pontos a serem tratados são parte integrante dos órgãos ou vísceras ou o que for que esteja sendo tratado.

O entendimento segundo a filosofia Taoísta, de onde vem a MTC e principalmente os conceitos de Yin e de Yang, como eles se comportam e convivem um com o outro, devem ser lembrados agora, especialmente que um deles sempre contém o outro.

Nesse contexto, o Yang refere-se ao que é externo, e o Yin, ao interno. Dessa forma, no Yang, encontramos a parte de dentro manifesta também, só que em menor quantidade, ou condensado. Lembre-se do signo do Tai Chi (Figura 1) relativize-o agora, atente apenas à parte Yang do símbolo, em branco, onde podemos ver uma grande totalidade Yang, mas também uma pequena de Yin, demonstrado naquela pequena bolinha Yin de cor diferente e mais escura.

Figura 1 – Símbolo do Tai Chi.

Dessa forma, os pontos de tratamento encontrados na parte externa do corpo são parte integrante do que se encontra na parte interna, ou aquela mesma condensada naquele pequeno ponto. Por outro lado, a parte externa Yang se encontra também na interna-Yin, complementando assim o símbolo, em se tratando da outra parte do Tai Chi Tu, símbolo do Tai Chi.

Sobre a Mão

A mão, como as outras partes já mencionadas, é o veículo básico de contato entre o terapeuta e o paciente. Começando pelos dedos, eles são as antenas de captação da Energia Celeste, pertencem a um sistema de troca com o ambiente da energia pré com a pós-natal, e também por onde a energia flui polarizada, a saber:

• **polegar** é o eixo da mão, como já foi falado, possui 50% da Energia da mão e está ligado à Energia da terra;
• **indicador** é o dedo que se conecta com a Energia da madeira;
• **médio**, com a Energia do fogo;
• **anular**, com a Energia do metal;
• **mínimo**, com a Energia da água.

Isso nada tem a ver com os pontos iniciais/terminais dos meridianos.

Nota: Vale ressaltar o que é a Energia Pré e Pós-Natal; veja na Figura 2. O Chi, que se encontra do lado de fora do círculo, pertence ao Pré-Natal, enquanto que a energia que migra para dentro dele pertence a nós e se transforma em Pós-Natal. A Energia é originária do Pré, mas integradas à nossa existência serão integrantes do Pós Natal[3]. Fiz-me entender? Além disso, quando deixa nosso sistema Pós-Natal, ele volta a pertencer ao Pré-Natal.

---

3. No fundo, tudo é Pré-Natal, pois nós pertencemos a esta Totalidade, o Tao.

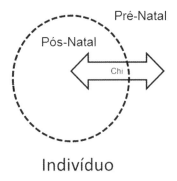

Figura 2 – O indivíduo e a sua relação com a Energia.

Nós usaremos principalmente o polegar; nele se encontra 50% da "força" da mão. Além do indicador e do médio, os outros dois são "fracos" e devem ser deixados de lado.

Em todos os dedos, mesmo para os dos pés, encontramos um vórtice de energia, na forma de uma espiral, que é a polpa digital na forma da própria digital. As formas espiraladas de nossas polpas digitais estão na forma própria para a captação da energia celeste, que flui de forma espiralada. As impressões que a energia causou em nós durante nossa gestação estão ali guardadas, além do que sua aparência revela como a Energia Universal se impregnou em nós. Existe uma forma de diagnóstico que leva em conta uma comparação entre os dedos para ver como ela se alojou dentro de nossos corpos e que leva em consideração a mencionada ligação com as partes internas de nossos corpos.

Nos centros das palmas das mãos existem os pontos Lao Gum (CS08, se formos localizá-lo através da acupuntura, é onde o dedo médio toca a palma da mão ao se dobrar) que se expandem pelo centro da palma da mão. Na mão direita, temos o Dragão da Madeira do Leste, enquanto na esquerda temos o Tigre do Metal do Oeste respectivamente, quente e fria, que são treinadas no Treino as "Mãos do Médico". Apesar do assunto ter sido apontado no *Pequeno Tratado* vale lembrar, o Leste, casa do nascente, fica à esquerda do observador. Em oposição a isso, a Casa do Metal fica a Oeste, ou melhor, à direita do observador.

Estes dois lugares, polpas digitais e palmas das mãos, são também Tân Tiens[4], assim como cada articulação de nosso corpo, dobra do punho, cotovelos, ombros, quer dizer todas as junções entre os ossos possuem um deles. Existem ainda os Centros de Energia que estão profundamente inseridos em nossos corpos, e aqueles que, em termos de tamanho, podem ser grandes, médios e pequenos. A propósito, todo o nosso corpo é formado por inúmeros Tân Tiens, milhares, cada célula no fundo é um deles.

Dessa forma, as mãos são muito importantes na atuação do Tui Ná por esta possibilidade de ser um dos elos com o ambiente exterior, além de ser o caminho por onde a energia do terapeuta se liga à energia do paciente, agindo dentro dele de forma a fazer o necessário desbloqueio e a circulação da energia vital, Chi.

A energia do terapeuta circula na direção do paciente e cria um elo entre a parte a ser tratada do paciente e a mesma parte do terapeuta. Neste ponto é importante ressaltar que além do terapeuta manter a atenção em seu Tân Tien médio[5], para a geração do Chi, a língua deve ser mantida no céu da boca, para manter a Pequena Circulação interna funcionando. Ele ainda deve se ater a conduzir desde seu órgão ou o que quer que seja tratado até o mesmo ponto de seu paciente.

Isto é, o paciente, por estar com algum tipo de alteração em seu corpo, físico ou energético, terá suas funções restauradas por uma impressão deixada pela energia do terapeuta, sua polarização e "força", Chi.

O terapeuta deve a princípio passar por uma restauração prévia de seu organismo, por isso recomendo a prática do Tai Chi Chuan que irá gerar e melhorar o fluxo interno do Chi. Este aprendizado ajudará no entendimento de como conduzi-lo até o paciente, a liberar o fluxo interno e a restaurar o máximo possível

---

4.   Local onde Céu e Terra se unem e onde é produzido o Chi.

5.   3 polegadas abaixo do umbigo com mais 3 polegadas para dentro da pele.

seu estado de saúde, além de impedir que você, terapeuta, receba alguma influência do estado degenerado dele.

Terapeutas doentes devem se abster de fazer qualquer tratamento, e o paciente que estiver com febre não deve ser tratado a não ser da própria febre, a partir de então poderá começar o tratamento principal.

Os treinos de energia, em amplo espectro, além de gerarem o Chi, fazem com que o corpo do terapeuta seja um veículo de uma energia com "polarização" adequada[6] para que os sistemas receptores possam aproveitá-la ao máximo e vibrar de acordo com ela o que resultará numa melhora eficaz e eficiente.

As formas do Chi Kung, além de ativarem a energia do terapeuta, servem de mecanismo para transmitir a energia ao paciente. Quer dizer, é imprescindível que o terapeuta aprenda e desenvolva esta prática também.

Num plano mais avançado, a energia do terapeuta se difere entre quente e fria, mas isso exige treino adequado e alguém que possa iniciá-lo e este conhecimento.

Cabe lembrar que neste sistema, a doença é gerada num plano superior, que é o Mental, Espiritual, Emocional, e que pode se deslocar para baixo para um plano mais denso, mas ainda intermediário e do domínio do Chi. E, por fim, estas alterações começadas no plano sutil podem se fazem sentir no plano denso do corpo físico.

Portanto, nem sempre aquelas percepções sentidas na fase de diagnóstico se realizam no plano físico imediatamente, podendo demorar algum tempo entre as primeiras manifestações no sutil até chegar ao denso, mental–físico.

---

6. Ao se tratar os rins, a energia adequada seria a da própria água, a princípio.

O diagnóstico através dos pulsos radiosos é uma avaliação sobre a energia do paciente, um Vetor que leva em consideração a existência dos Ben Shen, Almas Vegetativas, que inseridas nos órgãos regem nossa psique, por um lado, e o fisiológico, revelado pelo pulsar de nossos corações, por outro. Desta interação pode-se apurar de estados primários da doença, em sua origem mental, evoluída ao energético e finalmente aquilo que é percebido por exames clínicos.

O terapeuta de Tui Ná faz o caminho oposto em seu tratamento, pois ele vai do plano físico e energético para atuar no plano mais sutil das emoções. As reações esperadas do tratamento seguem esta lógica também e o melhor resultado será aquele percebido no plano superior das emoções, no psiquismo do paciente, pois é lá a origem de seus problemas e podem levar mais tempo para responderem ao tratamento. Um sinal interessante é o de revolta.

As doenças mais densas mostram uma melhora rápida, sendo possível verificar sua evolução de forma mais acentuada, apesar de que as que alteraram estruturas internas não seguem este padrão.

O entendimento errôneo de ser a MTC preventiva somente recai sobre a visão antecipada dos problemas, e segue o conceito apresentado acima, fazendo com que se enxergue o caminho desvirtuado desde o início.

A Medicina Tradicional Chinesa (Figura 3) é dividida em quatro setores: o das terapias, massagem ou acupuntura, fitoterapia, a moxabustão ou qualquer outro tipo de tratamento em que um "terceiro", no caso, nós, terapeutas, devamos estar envolvidos; no dos movimentos, ou motilidade[7], Tai Chi, Pá Kuá e o Chin I Chuan,

---

7. Por motilidade, Chuan, quero que se entenda a habilidade motora espontânea, ativa e autônoma, exatamente igual aos movimentos peristálticos de nossos corpos. Portanto, o entendimento de movimento deve ser extrapolado até este tipo de compreensão, ao contrário do pensamento ocidental, que o imagina ser condicionado e direcionado. As práticas do Tai Chi Chuan devem ser praticadas até este ponto, onde seja autônoma ao desejo puro de se mexer do praticante.

e uma enormidade de práticas onde colocamos o corpo para induzir a circulação da energia; do Chi Kung, que é a prática onde mobilizamos a energia através do corpo, e por fim da Meditação Taoísta, que tem um papel fundamental à técnica de cura chinesa.

Figura 3 – Divisão da Medicina Tradicional Chinesa.

O Feng Shui (lê-se Fóng Suei) deveria ser proposta de estudo aos Terapeutas de MTC. O conhecimento de Geomancia e da Astronomia e também das épocas do ano, adaptadas ao nosso clima, devem estar inseridas ao estudo de todas as práticas anteriormente citadas.

Melhor que repetir as origens das doenças, tema de meu primeiro livro, prefiro falar sobre a doença como um distúrbio do caminho da saúde, que é o mais correto.

Existe uma linha, o caminho da saúde (Figura 4) depois por condições advindas de alterações emocionais corriqueiras da vida de uma pessoa, ela pode ser levada a ocupar um desvio e um novo caminho, longe daquele da própria saúde.

E, para retornar ao caminho verdadeiro a única decisão possível seria a de desejar retornar a ele. Só que isso dificilmente ocorre, por isso recorremos a diversos métodos auxiliares.

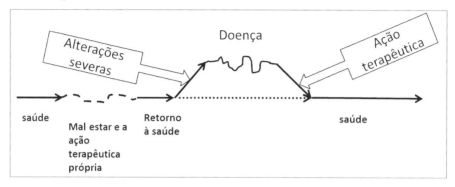

Figura 4 – Caminho da doença sobre a linha da vida saudável.

Claro que existem pessoas que, por condições alheias à nossa vontade, já nascem doentes, e por isso o gráfico acima deixa de ser referência e o entendimento deveria nos remeter à compreensão de situações contraditórias encontradas em seu "horóscopo" de fertilização. Por isso mencionei a necessidade de se conhecer o mundo astronômico e quais as energias presentes no momento em que a concepção/fertilização se deu. Nesses casos, o que podemos fazer é lutar para manter as pessoas dentro de um padrão considerado aceitável diante das circunstâncias, melhorando sua qualidade de vida.

As práticas como o Tai Chi servem para manter as pessoas dentro do caminho da saúde. À medida que nos afastamos dele, essas práticas nos remetem de volta, evitando o mal-estar e a própria doença.

Se ocorrer um desvio em que as práticas não auxiliem as pessoas a retornar ao caminho correto, a intervenção deve ser feita por terapeutas devidamente credenciados. Este deverá intervir de forma a permitir que o indivíduo possa, assim que melhorar, voltar a "andar" por si só. Existe, portanto, um período de adaptação, onde terapeuta e paciente devem conseguir respostas favoráveis ao desligamento progressivo.

Treino – Mão do Médico

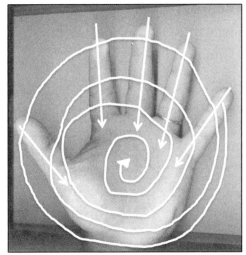

Figura 5 – Palma da mão com sentido da energia para captação.

O treino consiste em fazer circular a atenção, que é seguida pela energia e depois pelo sangue na forma espiral, fazendo com que ela percorra do dedo mínimo da mão até o centro da palma. Isso serve para a captação da energia externa (Figura 5).

Quando se desejar levá-la para fora, o sentido é o oposto, partindo do centro da palma da mão até as pontas dos dedos.

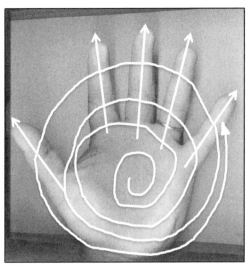

Figura 6 – Emanação da Energia.

Se você não se sentir capacitado a treinar sozinho procure um dos diversos alunos que foram preparados pelo Mestre Liu Pai Lin para transmitir a Meditação Ativa.

De qualquer forma, indicarei como comecei; talvez lhe seja útil. Sente-se calmamente, sem nada que lhes possa incomodar durante alguns minutos. Perceba os dedos do pé, começando pelo menor, primeiro individualmente e depois em conjunto. Sinta-o, pode ser uma pressão, uma comichão, um incômodo, qualquer coisa, mas o principal é perceber que ele existe! Isso mesmo, nós nos esquecemos de parte de nossos corpos, e por isso, às vezes, elas adoecem.

Depois apure a sensação, sem usar tensão, logo perceberá que existe também circulação sanguínea. Pronto! Os três passos já ocorreram. Se tiverem a oportunidade de ler o Pequeno Tratado de Medicina Esotérica, há um detalhamento deste processo. Primeiro há a "intenção", "I", depois o "Chi", energia, e por fim o "Xue", sangue.

Depois, vá para o dedo seguinte, faça todos separadamente e em conjunto. Faça isso com todas as partes do corpo. Eu fazia este treino quando era menino deitado em minha cama. Ele foi muito útil quando conheci o Mestre e as práticas taoístas.

Para as mãos, utilize o mesmo mecanismo. Preste atenção ao dedo mínimo; para a captação, tente seguir com sua atenção pela lateral da mão que é conhecida por "faca da mão", vá até o pulso e a seguir até o polegar, para a ponta do indicador, ponta do médio, anelar e volte ao mínimo. Reduza o tamanho da circulação até o centro da palma da mão, Lao Gum, ponto CS08, ou Pe08, conforme seu aprendizado. Circule ao todo até 36 vezes, passando por todas as falanges dos dedos; isto é importante neste momento, pois estaremos carregando nossas baterias internas com a energia do Pós-Natal, de onde temos origem, renovando assim nosso corpo físico e disposição.

Ao final, lembre-se de depositar no Tân Tien a energia captada, para de lá o corpo absorver seus benefícios. Mão direita sobre a esquerda, energia sobre o sangue, sendo indiferente se é homem ou mulher.

Depois de treinar bastante e de carregar a si próprio de energia renovada, é hora de emanar para um paciente utilizando-se do processo contrário (Figura 6). Dessa vez, é a partir do centro da palma da mão que se começa a fazer a circulação, em direção às pontas dos dedos, às polpas digitais e de lá para o seu objetivo.

Você reparou que os dedos das mãos estão em oposição? Mas para captar a circulação é feita do "dedinho" para o "dedão". Isso acarreta um pouco de confusão em nossa percepção, mas é assim mesmo!

Quando emanar a energia, ela fará o padrão oposto, partindo do centro das palmas das mãos até a polpa digitais de ambas as mãos, agora do "dedão" para o "dedinho".

Quero indicar para a projeção da energia para o paciente que se treine o Tuei Shou, empurrar as mãos, ou a Espada Tai Chi ou do Pá Kuá, ou mesmo o bastão, além de alguns treinos do Hsing Yi Chuan, a exemplo do "empurrar a água" e o treino das "árvores", que permitem a mobilização destas mais precisamente.

Sobre a origem das doenças

O Mestre informava que aproximadamente 90 por cento dos pacientes atendidos tinham como causa de seus problemas o emocional, e o restante era ocasionado por acidentes.

Na minha visão ocidental, enxergo que até os acidentes podem ser gerados por nosso querer; inconsciente, é claro. A nossa cultura é muito influenciada por aquilo que nós desejamos para nós mesmos, como desejo de punição ou culpa.

Nossos vínculos emocionais com os pais, parentes e amigos, além de nosso ambiente de trabalho, acabam por colaborar com a evolução de nossos problemas.

Fatores sociais, culturais, ou costumes, além dos raciais devem sempre ser levados em conta na avaliação dos problemas de saúde.

Os fatores climáticos também devem ser levados em conta, pois influenciam em fatores internos. A Cronobiologia é bastante desenvolvida na cultura chinesa, mas seus parâmetros não se aplicam totalmente para os habitantes do hemisfério Sul. Portanto, os pontos Shu antigos que utilizam destes conhecimentos em sua aplicação devem ser revistos aqui para o Brasil.

A alimentação, os hábitos de vida, o lugar onde mora, trabalha, dorme, os horários, a profissão, o tipo de trabalho, os conflitos, tanto internos quanto externos, devem ser questionados.

Quanto à cultura, ao clima e hábitos alimentares, quero levantar uma indagação sobre nossas festas anuais, mais precisamente aquelas de fim de ano. O Natal e o Réveillon são festas tradicionais de inverno do continente europeu, e aqui são comemoradas no verão. Se ingerirmos comidas que aquecem o organismo, a exemplo de frutas secas naturais da estação fria ou castanhas, num período quente, isso aumenta ainda mais o calor. Seguindo o ciclo da natureza, nós deveríamos estar resfriando o corpo para a chegada do inverno; quer dizer, sem isso estaremos gerando mais doenças em nossos corpos.

De maneira geral, os ocidentais sofrem com problemas agudos, enquanto os orientais, de problemas crônicos. As mulheres são mais cuidadosas consigo mesmas, por isso normalmente vivem mais. Mas as mudanças no estilo de vida, procurando atividades mais Yang, têm gerado nelas problemas antes quase que exclusivos dos homens.

A dinâmica interna da Energia foi afetada gerando problemas em sua parte reprodutiva. A energia Yang de seu interior tem migrado para fora para atender às necessidades de suas novas atividades. Será este um novo tipo de doença?

Segundo a Tradição, existem 4 tipos de Adoecimento: Desunião, Dispersão, Estagnação e Agitação. Para entendê-los, deve-se lembrar da Forma Humana (Figura 7), que demonstra como é o ser humano em sua forma energética.

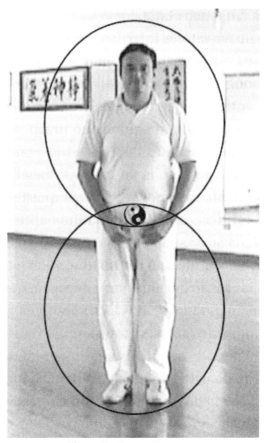

Figura 7 – Forma Humana.

Na parte superior está alocada a energia Yang. Embaixo está a energia Yin; e ao Centro, o Chi, produto do encontro das duas anteriores. Em um sistema em equilíbrio dinâmico sadio, não existe predominância excessiva de um perante o outro, superior/inferior.

A Desunião revela uma predominância de um sobre o outro, fazendo com que a de maior valia se desloque para cima ou para baixo conforme sua natureza, celeste ou terrestre. O resultado é a diminuição da área de intersecção que fica no meio, relativa ao Chi, sem o qual não vivemos.

A Dispersão é um caso encarado como mais grave, e pouco vi isto acontecer em meus pacientes. Imaginem a energia de um dos setores perdendo a unidade, sua integridade essencial que lhes é particular, é como se fosse um tecido esgarçado, ou esgarçando, aquela "bolha" de energia se parecendo com uma bolha de sabão que vai estourar logo a seguir, como se desse para ver milhões de gotinhas de água que a qualquer momento fossem explodir e se desfazer por completo, numa chuva de gotinhas muito pequenas. Naquele momento sua união desaparece, sua vida se esvairá.

A Estagnação é um processo em que a energia do indivíduo vai parando. Isso não quer dizer que ele não a tenha, apenas que ela está sem seu poder natural de se mover pelo corpo – o "vento" Chi perdeu sua capacidade de conduzir o sangue, por exemplo.

A Agitação é um processo natural que pode ser causado pelo excesso de atividades, de qualquer um dos setores, ou pelo excesso de atividade mental ou física. Pode ser causado por excesso de exposição ao Sol. Em casos mais graves, o Líquido Espinhal pode ser lesado e até mesmo "secar" e, consequentemente, acabar por lesar nossos sistemas de defesa e também a medula.

Em suma, são estes os pontos a serem pensados quando fizermos a Avaliação Energética dos Pulsos Radiosos, pois eles se revelam ali. Para maiores esclarecimentos, sugiro a leitura do livro anterior a este.

Pense no simples

Antes de prosseguir, gostaria de apresentar uma coisa mais prática do que técnica, o "pense no simples". Procure causas simples para o problema; nos casos mais comuns, isso vai se verificar muito eficiente. Por exemplo, dores nas costas, pode ser consequência de: dormir em um colchão ruim, travesseiro alto, sapatos deformados, cadeiras de escritório que não atendem à ergonomia, ou aparelho telefônico que não estejam colocados diretamente à frente de quem o atende, ou segurá-lo entre a cabeça e o ombro; caminhadas exaustivas sem o devido cuidado de se alongar, correr por muito tempo e/ou constantemente, que não afeta só as costas, mas também joelhos e pés; levantar objetos do chão de forma inadequada, fazer exercícios que não esteja acostumado ou preparado, são muitas as razões.

Antes de tratar o indivíduo, deve-se investigar estas causas primeiro para não cair em situações que não levem a nada. Lide com isto antes de começar a tratar com a técnica, pois já faz parte do diagnóstico.

Há mulheres que em seus períodos menstruais sentem dores nas costas. Trate a TPM para ver se as dores nas costas persistem. Investigue a possibilidade de a parte genital estar com alguma alteração. Como exemplo veja, no mapa dos pés adiante, os pontos ligados aos ureteres com muita sensibilidade. Deve-se procurar um médico para se pedir um exame de urina, pois alterações no trato urinário resultam em dores nas costas também.

Dores nos ombros, em mulheres, são comuns, pois o músculo trapézio se liga ao baço, órgão que as rege. Nas mulheres orientais isto é mais frequente, mais agudo e crônico, já que são regidas pela terra duplamente, pela cor da pele (amarelada, cor da terra) e também por serem mulheres (regidas pelo baço). O endurecimento e dor ali chamado de "katacori", na lingua japonesa, tem origem na região da cintura e quadril, e provém normalmente de problemas genitais, associados com relacionamentos abalados com o parceiro!

Tudo é encadeado neste caso, e pensar só no simples não vai funcionar, por isso devemos aprender como acontece.

Dores nos ombros ou endurecimento nesta região podem ser advindas de problemas de excesso de carga, de trabalho, ou opressão emocional. Assim, a pessoa, para aguentar a pressão demasiada, retesa esta região. Situações corriqueiras que incomodam o paciente podem indicar a raiz do problema. O lado esquerdo indica um fundo emocional, ou mesmo uma pessoa que se situa naquela direção causa incomodo a ela. Não se esqueça que já passamos da parte do pense simples, ok!

Conforme a idade avança, a acuidade auditiva fica prejudicada pela fraqueza ocorrida no sistema dos rins. Em casais, isso pode ocorrer devido um deles roncar, ou por conflitos, e pode afetar ambos ou não, e ocorrer somente do lado onde o companheiro (a) fica.

É comum encontrar pessoas alérgicas a determinadas coisas usando-as normalmente, tais como perfumes, tecidos, alimentos e assim por diante. Tratar uma alergia sem a devida colaboração do paciente é complicado, até mesmo impossível.

Como exemplo, apresentarei o caso de uma mulher de trinta e poucos anos, tendo por reclamação principal uma dor de cabeça insuportável. Comecei o processo com o pensar simples, mas que acabou por exigir um pouco mais de raciocínio. O pulso revelava perda da energia Yin com alterações no pulso do fígado. Veio acompanhada dos pais e do marido à sessão. Em pouco tempo, descobri que havia sido tratada na adolescência por problemas de alergia ligados a produtos de beleza e suas manifestações iam desde erupções até feridas na pele naquela época. As manifestações mais evidentes no passado sumiram e ela continuava a usa-los normalmente.

Comecei o tratamento focando na dor de cabeça com base em alterações da energia da madeira e em pouco tempo as dores de cabeça diminuíram, mas as manifestações cutâneas aumentaram. A doença não havia sido tratada de verdade, só havia migrado para a parte interna do corpo. A problemática da alergia aos produtos de beleza continuava.

Com a evolução do tratamento, sua personalidade começou a se transformar: a mulher "boazinha" queria se libertar das pessoas que a rodeavam. O fim do tratamento se deu naquele momento, e a "alergia" mostrou-se resultado do ambiente opressivo em que vivia, e o retorno das manifestações em sua pele e sua revolta foi fator determinante para a redução das dores de cabeça e das manifestações cutâneas da alergia.

É necessário ouvir a reclamação da pessoa e imprescindível

fazer a Avaliação Energética através dos Pulsos Radiosos, além de considerar o estado de espírito da pessoa.

O contato com ambientes cheios de pó é constante e pode gerar coriza, rinites... Lugares com carpete, cortinas, bichos de pelúcia, tapetes, ar-condicionado, todos favorecem ao acúmulo de ácaros e de poeira e o quadro alérgico piora, e na medida do possível deve-se diminuir o contato com os mesmos, bom senso é tudo.

O Outono é favorável à apresentação de problemas nas vias respiratórias – o Metal, energia dominante desta época do ano, faz com que a umidade natural do ambiente diminua e estas doenças aumentem. A própria movimentação interna da energia que segue o fluxo das Estações do Ano faz com que o ponto focal, onde a energia está passando, promova modificações naquele local. Assim, a energia que estava em cima no Verão, na região da cabeça, migra para baixo pela frente, atingindo a garganta e peito/pulmão. Além da Estação anual, existem períodos onde a água se esconde naturalmente e a seca é predominante nos anos de Serpente, é o que acontece conosco neste ano de 2013/14 Serpente de água (-) que foi seguida por Cavalo de madeira (+).

O mesmo problema pode ser resultado de um ambiente conturbado e afetará aos mais sensíveis e às crianças. A pessoa pode ter a resistência aumentada, mas pode reaparecer quando a energia diminuir, ou se apresentar disfarçado de outro sintoma.

Problemas de higiene são comuns também. Uma boa escovada nos dentes resolve o problema de gosto ruim na boca, mau hálito, problemas nas gengivas, por isso o uso de fio dental... Mas gosto amargo na boca, além disso, é excesso de calor no organismo!

Lembro-me de um paciente que tinha este tipo de quadro e o cheiro era parecido com o de "bueiro em dia quente de verão". Dá prá imaginar a convivência com alguém com este problema? Este tipo de manifestação é resolvido tratando-se o Yang Ling Quan VB34, veja indicação e localização adiante.

Comece com as coisas simples, depois evolua para problemas

mais avançados, dessa forma economiza-se tempo e dinheiro do paciente, além da sua energia.

O uso ou o contato continuado leva a problemas crônicos, inclusive lugares insalubres afetam nossa vida muito direta e simplesmente, fungos nas casas são problemáticos, convívio com animais de qualquer espécie podem trazer problemas ou aumentar os já existentes. Posso dizer até que existem pessoas "alérgicas" a outras pessoas. Neste caso recomenda-se o afastamento. Muitas questões relativas ao trabalho podem vir a serem somatizadas por pessoas mais sensíveis; dessa forma, devemos indicar uma saída para o paciente, nem que seja uma separação.

Quanto aos lugares insalubres, encontramos aqueles muito úmidos, secos, frios, ventosos, quentes e que podem intensificar situações consideradas como doenças. Recomendo uma avaliação por alguém que entenda de MTC ou de Feng Shui.

Pessoas que sentem dores de cabeça devem pensar primeiro em problemas ligados aos olhos. O excesso de exposição a computador, TV, dirigir por muito tempo, leitura excessiva, exposição ao sol ou a lugares com pouca iluminação podem ser a causa. Não adianta pensar em uma causa final para depois voltar para o começo, vá evoluindo.

Dores de cabeça intensas, daquelas insuportáveis, podem ser relacionadas a ceder seu lugar, ou melhor, seu prazer, ou se colocar em segundo plano. O tratamento poderia começar apontando para problemas de madeira, corriqueiro, mas pode ser de outra monta. Este tipo é difícil de tratar, pois envolve pessoas que estão à volta do paciente e fazem de tudo para mantê-lo onde ele se encontra. Não se engane: quem cede prazer, exige outro em troca, como o controle sobre a situação e sobre as pessoas. Veja também as formas de adoecimento segundo a MTC – excesso de sol, agitação podem de levar ao aquecimento interno do corpo.

SOBRE A MASSAGEM, O TUI NÁ.

Todas as doenças que acometem os seres humanos têm como causa principal algum distúrbio iniciado no seu lado emocional superior, ou seja, em sua mente, seu espírito, no lado psíquico; desce para um nível menos sutil, intermediário, onde está situada a energia da pessoa, e por fim passará para o corpo físico, suas funções e partes constituintes.

Dessa forma, a doença vem de um ambiente mais sutil e vai se disseminando para "baixo". Isso, quer dizer que irá se aprofundando, se concretizando até atingir por fim o corpo.

As técnicas da MTC, incluído aí o Tui Ná, atuam nas três partes de nossos corpos – o imaterial, que compreende o espírito, mente e o emocional da pessoa; o ambiente intermediário, que pertence tanto ao imaterial quanto ao material, onde encontramos nosso "animador" principal, a Energia; e por fim o lado material, ou físico-fisiológico.

Em todos os casos, busco ir até a raiz do problema, apesar de que nem todos os pacientes de Tui Ná estarem dispostos a isso. Muitos querem somente tirar da frente o problema mais agudo. Dessa forma, será tratado apenas da porção superficial do problema, não atingindo sua raiz, o que resultará em uma nova manifestação com o passar do tempo.

No entanto, desde a primeira sessão atuaremos de forma a buscar o ponto inicial do problema. Imediatamente, os sintomas mais evidentes do distúrbio serão amenizados e a energia mobilizada. No entanto, uma pequena parte do lado mais sutil será atingida, e só com o tempo ela será plenamente tratada.

Vários pacientes, na primeira sessão de Tui Ná, revelam seus problemas mais profundos situados em sua porção mais sutil e se afastam imediatamente do tratamento alegando uma impossibilidade na continuidade.

Entendo ser relevante apresentar o seguinte caso, não foi o único, mas emblemático. A paciente era uma terapeuta muito experiente e atuante, e já havia tratado seus problemas em dezenas de seções de psicoterapia, e entendia tê-los superado há muito tempo. Durante a primeira sessão de Tui Ná foi acometida pelos mesmos sentimentos supostamente remoídos e tratados, apresentando todas as perturbações decorrentes deles. O que quero dizer é que: muitas vezes são tratados os processos mentais, psicológicos da pessoa e, com a devida melhora dos sintomas deste plano são deixadas as memórias que se acumulam no corpo físico de lado.

Muitos dos tratamentos focam apenas em um dos nossos "corpos" e podem não liberar as mesmas situações que foram guardadas nos demais. Dessa maneira, como a massagem atua sempre do nível material para o energético, e por fim chegando ao mental ou espiritual, todos serão afetados.

No caso citado um sentimento de impotência se abateu sobre a paciente. Suas questões tinham na realidade sido trabalhadas ou só abrandadas? Talvez sim, mas naquele nível mental, os outros dois (ou grande parte deles) foram deixados de lado!

A memória corporal estava totalmente presente, as situações também se apresentaram durante a sessão, a volta à sua infância ocorreu rapidamente, talvez em função do trabalho já feito e refeito inúmeras vezes, o que agravou ainda mais a situação.

Nós revivemos algumas situações inclusive fisicamente, quando imagens surgiram quase a ponto de as visões se concretizarem, a paciente chegou a beirar o estado de terror.

Foi uma das sessões mais interessantes que já tive, apesar de ter sido extremamente traumática para ela.

No momento em que as imagens ficaram demasiadamente

vivas, suspendi o tratamento e fiz a pessoa voltar a um estado de calma, e depois seguimos com menor intensidade.

Por isso digo que a pessoa que está atendendo deve ter previamente trabalhado a sua energia e sua estabilidade. Nós nos ligamos à energia do paciente e este à nossa, por isso precisamos ter um centro estável. Esta ligação traz percepções à nossa mente, ao nosso corpo físico e energético. Assim os percebemos através de nossos sentidos: tato, olfato, visão, audição e paladar e muito mais.

O tato pode revelar o que se sente ao toque como alterações na pele, sua temperatura, grumos que podemos encontrar e, também, os seus sentimentos. No caso do olfato, um dos diagnósticos é o de se sentir o cheiro do paciente, aquele mais característico, ou doce, ou ácido, e assim por diante. A visão também está vinculada a outro diagnóstico em que analisamos a maneira de deslocamento e a expressão do paciente, além da sua cor, rugas de expressão, manchas... A audição pode nos mostrar como a pessoa está quanto à quantidade de uma determinada energia, Yin ou Yang, pelo nível de sua voz ou intensidade. No caso do paladar, muitas vezes pelo simples toque, pude perceber que a pessoa ingeria algum tipo de remédio, pois sentia o gosto da substância em minha boca.

Quanto ao aspecto visual, muitas vezes tive a percepção de coisas existentes no ambiente em que a pessoa vivia e que poderiam causar alguma alteração da energia, até mesmo de pessoas que as rodeavam e que lhes afetavam. São raras as pessoas que me passam este tipo de impressão claramente, apesar de serem em número consistente para eu poder citar aqui. Entendo que a energia dos pacientes fica impregnada da energia da outra pessoa e que, por uma espécie de casamento entre as nossas energias, estas impressões me são passadas. Não se engane, eu não dirijo as pessoas a darem a resposta que eu percebo, pois muitas delas, ao se contradizerem, nos levam a caminhos mais elucidativos. Com minha experiência, notei que minha percepção pode orientar o trabalho e o resto quem faz é o paciente, sempre levando em consideração que ele pode estar dissimulando. Por isso deve-se conhecer os diagnósticos, para não sermos dirigidos para lugares sem saída.

Nos casos das memórias físicas, elas sempre me foram muito úteis, pois a impressão na energia material é mais consistente e pode ser usada para mostrar o caminho a ser trabalhado. Muitas perguntas são despertadas a partir deste sentimento: na área interna da panturrilha se revelam os apegos, ou melhor, impressões recebidas pelo paciente durante a tenra infância até os dez anos de idade. Quando esta parte é manuseada e a região está muito rija, devemos esperar algum tipo de ponto focal de importância. São acontecimentos marcantes na vida da pessoa, bons ou maus! Até as coisas boas podem prender as pessoas naquela idade e, por se sentirem bem naquele estado, não procuram evoluir durante a vida, permanecendo "crianças" emocionais, por exemplo. Por outro lado, é fácil entender as diversas agressões dirigidas às crianças, com evidente comprometimento físico, energético e mental/emocional.

Quer dizer, o Tui Ná atua nas memórias físicas em um primeiro instante, levando-nos a penetrar nos demais planos da pessoa. Estes são os bloqueios do paciente.

Considero que o corpo é o verdadeiro inconsciente, uma mente animal que desejamos controlar sem conhecer e sem que entremos em contato verdadeiramente, sem que consigamos nos aliar a elas como um animal integral, mente e corpo, raciocínio e sentimento.

Explico agora a parte teórica das percepções.

Percepções

Apesar de cada um dos sentidos estarem vinculados a um órgão ou energia, como o olfato ao nariz e ao metal – pulmão; a audição aos ouvidos e à água – rins; visão, olhos a madeira – fígado; tato, terminais nervosos[8], ao fogo – coração; paladar, língua a terra

---

8.   Uso esta definição, pois dizer simplesmente que o tato é feito pelas extremidades mais sensíveis, como a ponta dos dedos ou a nossa pele, pode simplificar o raciocínio. Por exemplo, quando em Meditação Ativa Taoísta, a ser abordada em outro título, percebemos pelo desenvol-

– baço todos estão vinculados ao fogo em essência. Esta energia em particular é a depositária inicial das demais, ao coração – Shen, morada da energia do Fogo Imperial, onde todas as demais Almas Vegetativas, Ben Shen, referentes aos demais órgãos, foram remetidas na concepção. O fogo dá a capacidade de aderir, e isso permanece em cada um deles; assim, ao ouvir para que a pessoa se ligue a um som, é necessária esta faculdade inerente do fogo. Para o paladar vinculado à terra – baço também, madeira – fígado idem.

Minha energia do fogo faz com que eu me ligue a quem ou o que desejar, perto, no toque, ou longe, na memória na intenção prolongada de meu corpo. Meu fogo do sentido do tato me traz imagens, sons, cheiros, paladares dos outros. Assim, minha massagem faz com que eu entre em contato, aderindo, ao outro para conhecê-lo.

O fogo é o instrumento de ligação, nosso Lin Tai, Morada do Espírito, o Sol Interior se liga ao outro, a outra pessoa, ao Universo e às coisas que nos rodeiam, por meio de uma ligação comum que temos com o Sol, interno e externo, estamos todos ligados ao seu mecanismo de contato.

Ao serenar meu espírito, posso entrar em contato com os mínimos abalos sofridos na superfície do lago tranquilo. Ou às impressões que foram deixadas ali no corpo da pessoa.

Influenciamos a pessoa a quem tocamos e recebemos influências também; por isso, a importância do distanciamento paciente-terapeuta que deve ser aprendido.

Antes de passar a outro assunto, quero dizer que a percepção incluída em nosso sentido do tato deve ser desenvolvida por meio da meditação. Eu treino há muito tempo a mencionada "Ativa", que compreende os treinos ensinados pelo Mestre Liu Pai Lin. Consiste em localizar o Centro Lin Tai, Morada do Espírito e, pela sua energia e presença em caminhar corpo adentro, entrando em

---

vimento das práticas do tato interno, ou seja, ao migrarmos nossa energia pelo campo energético interno de nossas estruturas, órgãos, vísceras, ossos, dentre outras, vamos tateando o caminho e com o tempo isto se alia a uma "visão" interna da estrutura por onde a atenção está passando.

contato com as estruturas internas, fisiológicas e energéticas – outros centros de energia ou vórtices. A percepção desenvolvida dessa maneira pode ser usada tanto em diagnósticos como nos diversos tratamentos. Por isso, convido a quem for fazer a massagem que se instrua com os professores habituados com essas práticas.

Efeitos

É muito comum que façamos a pessoa sonhar com situações conhecidas, com sonhos antigos e também com pensamentos e situações que permanecem em suas mentes. Assim, revivemos situações tanto de estresse quanto de prazer. A memória é algo que pode ser bom ou ruim, e muitas vezes traumas causam pouco apego, enquanto as memórias boas podem causar um apego muito grande, de difícil solução.

Com isso, se uma pessoa estiver presa ao seu passado por um grilhão de "flores", será mais difícil rompê-lo do que os aprisionados por um grilhão de ferro, que coloca a pessoa sempre em xeque e causa sempre algum tipo de desconforto.

Dessa forma, para que tenhamos um bom resultado fazendo com que a energia volte a fluir, tanto os bons quanto os maus apegos devem ser destruídos, as boas lembranças não irão se perder, mas o seu ponto de aglutinação será desfeito, amenizado, deixará de ser um empecilho à evolução e poderá causar o retorno do fluxo normal.

A energia deve transitar livremente pelo corpo para nutri-lo deste componente vital de nossa existência, Chi. Isso quer dizer que um apego ao passado, mesmo bom, pode causar transtornos tanto no fluxo da energia como também alterando sua polarização.

Deste pensamento, podemos inferir onde está localizado o tal bloqueio, bom ou mau, dali teremos uma alteração na saúde da pessoa.

Aqui devo apontar o seguinte problema que encontrei em diversas situações: uma pessoa que sofreu abuso na fase pré-verbal, ou naquela onde a criança está aprendendo a falar, o que se pode notar é que a falta de vocabulário impede que se revele o que ele sentiu naquele momento de sua vida, a sua mente consciente não consegue muitas vezes se expressar sobre o trauma, faltam-lhe as palavras mesmo! Então, peço para que a pessoa se informe com os familiares. Por exemplo, localizei um bloqueio numa paciente e, depois de algumas seções, ela se lembrou de que fora atingida, ainda bebê, num piquenique familiar por um tiro disparado sabe-se lá por quem. Isso ficou marcado na energia da pessoa.

A região do gastrocnêmico, ou da panturrilha, em sua porção medial, ou interior, é onde estes processos dos nossos primeiros 10 anos se apresentam, e é justamente aí que deve ser liberado o apego ou o trauma. Este é um lugar que chamarei de ponto de abertura a partir de agora. A seguir apresentarei outros bastante específicos.

Como todos devem ter percebido, terapeutas ou não, os primeiros anos de nossas vidas são determinantes e também podem causar situações que nos façam reviver esta trajetória novamente e novamente até que sejam liberados os pontos de aglutinação[9] na região em que a memória se fixou.

Acho que a pessoa, de uma maneira inconsciente, quer repassar a situação de estresse e, pela repetição desta, resolvê-la.

Em casos de pacientes que sofreram abusos e violências, sempre que estes revivem em suas situações atuais, em graus variados, tais situações, muitos acabam dizendo: "parece que é uma situação predominante em minha vida..."!

Muitos foram os casos em que a pessoa consegue apontar o caminho que rege sua vida e não consegue por ela mesma sair desta roda. É necessário que se desbloqueie os meridianos de energia do corpo para que os meridianos da vida dela também possam refluir novamente.

---

9. Chamo de ponto de aglutinação não como já se foi utilizado por Carlos Castanëda, mas sim como um ponto onde uma memória forma um nódulo físico e que, assim que dissipado, libera a energia condensada ali, libertando também uma memória que pode causar incômodos tanto fisiológicos quanto mentais ou emocionais. Muitas vezes percebi que esta "limpeza" causa sonhos também ou lembranças espontâneas, e até mesmo discursos sem consciência.

Tanto o tratamento do Tui Ná ou de Acupuntura deve restaurar o fluxo destes meridianos, mas devemos usar também o conhecimento do trabalho de Geomancia, Feng Shui, como auxiliar para que as demais instâncias sejam atingidas. Não é norma, mas pude observar que os trabalhos de terapia, associados a um trabalho de alteração do lar, resultam numa melhora muito mais rápida.

É também importante apontar que uma pessoa doente procura uma casa doente ou um emprego doente para manter seu padrão energético, ou mesmo relacionamentos problemáticos.

A pessoa fica acostumada com um padrão energético e procura sempre um mesmo lugar que respalde seus "costumes". Muitas vezes, a tentativa de alteração da frequência em que a pessoa ressoa a deixa fora de controle, e ela tenta voltar o mais rápido possível para aquele padrão, voltando também aos estados doentios que ela já está acostumada.

A mudança da pessoa como um todo depende da mudança também do ambiente que ela frequenta, de seu trabalho, família e pessoas de que está rodeada. Não que ela deva extirpar todos e tudo de sua vida, mas existe uma mudança qualitativa em relação aos seus relacionamentos, à forma com que elas irão voltar a contatar aqueles lugares e pessoas. Tudo passa por uma modificação, os acomodados em relações, com respeito aos seus objetivos de vida, têm de se adaptar aos novos padrões energéticos apresentados pela terapia.

Este item é de suma importância para que haja cura.

Ser tratado e voltar para os mesmos lugares e pessoas, continuar mantendo com eles as mesmas relações antes existentes, é uma loucura inconsistente com os novos padrões adquiridos. Se isso ocorrer, a pessoa em pouco tempo voltará a apresentar os sintomas e as doenças que a levaram ao tratamento.

A mudança pessoal levará um novo componente para o seu ambiente, e este sofrerá alterações pela nova frequência em que vibra a pessoa em questão, como a quantidade da energia também influenciará os caminhos de sua vida.

O Pá Kuá, o ambiente e a doença

Como disse anteriormente, temos meridianos de energia em nossos corpos e estes são como rios e mares do planeta Terra, que funcionam fluindo e refluindo. Eles mantêm, com as energias do Universo, que possuem meridianos também, uma relação de troca, ou seja, a energia entra e sai de nossos corpos de forma a manter uma unidade com o Todo. Se estivermos desbloqueados e permeáveis a esta energia, estaremos saudáveis. Se isso não acontece de forma desimpedida, podemos sofrer com a sua falta, ou mesmo com a energia desgastada ou acumulada no corpo.

As doenças podem ser causadas neste nível como também em associação aos problemas pelos quais passamos às desordens de nossas mentes, espírito etc.

Os setores do Pá Kuá (Figura 8) ou as Casas do Feng Shui nos dão uma ideia do que estou falando. Muitos os conhecem, e para estes fica mais fácil entender, mas aqueles que não têm isso em mente devem saber que nossas vidas são pautadas por uma divisão energética e espacial, onde encontramos os setores de trabalho, espiritualidade, ancestralidade, prosperidade, sucesso, relacionamentos, processos de geração e amigos. Explico a seguir, passando da Casa 1, pela Casa 9 até a Casa 6, em sentido horário.

Figura 8 – Pá Kuá dividido em Casas ou Mansões.

Nossos meridianos internos estão associados às vertentes de energia universal: a Água, através dos meridianos dos Rins e Bexiga, se ligam ao Trabalho, Casa 1. De uma forma ou de outra, a energia necessária para se trabalhar está reservada naquele órgão e víscera, além das partes associadas a eles e que compõe o sistema da Água.

A Casa 8 da Montanha pertence à Terra, aos meridianos do Baço-Pâncreas e Estômago, e à nossa ligação com o Mundo Espiritual. A montanha é o Altar do sacrifício, onde as oferendas são colocadas. Todo o corpo pode ser entendido como expressão da Terra, os músculos também; assim, problemas relacionados a estas áreas mostram nosso problema com as entidades superiores e com a nossa própria espiritualidade e evolução.

A Casa 3 do Trovão está ligada à nossa vontade, ao Administrador deste corpo físico e, às condições para que vivamos; o Trovão, que é Madeira, pode ser dividido em Triplo Aquecedor e Pericárdio, aos nossos Ancestrais, terrestres e celestes, a nossas ligações terrenas com o pai e a mãe e com os Pais Celestes, Céu e Terra, além de nossa linhagem familiar e, a nossa espécie humana, que é única, pois somos os únicos seres que mantém uma relação direta com aqueles dois polos, de cima e de baixo, representados por aquelas forças. Em nosso corpo está situado originalmente na região média entre os rins é o ponto de união entre todos eles.

Neste setor encontramos a força impulsionadora de todos os atos de nossas vidas, desde um simples piscar dos olhos até as mais importantes decisões que tomamos em nossa vida.

O próximo setor ou Casa 4 pertence também à energia da Madeira, Vento, só que aqui encontramos a capacidade de realização das coisas, daí seu nome – Prosperidade, não importa se estamos falando de um crescimento dos pertences materiais, ou das qualidades que são necessárias para se atingir um bem-estar geral. Em nós se materializa nos meridianos do Fígado e da Vesícula Biliar, daí sua dinamicidade, cumprem os destinos que estamos realizando através de seu movimento característico, não só começam as coisas, mas também as concluem.

O Sucesso, Casa 9 do Grande Yang, e do Fogo, é a chama que ilumina, que mostra a todos que se atingiu o apogeu. O trabalho não é mais necessário, é a hora de se colher os frutos do tempo e das ações, mas estes ainda dependem de algum tempo para maturar, o que só ocorrerá de verdade no próximo setor.

A Casa 2 dos Relacionamentos manifesta a Terra. Lá encontraremos também a geração dos filhos através do Mar de energia Yin chamado de Vaso Concepção, diretamente envolvido na formação de um novo corpo, de um filho. Assim vinculado ao relacionamento do casal.

A Casa 5 pertence ao movimento Terra também e se liga a todos os setores à sua volta, como uma mãe com sua família. É o eixo da vida onde o Céu e a Terra se unem, gerando e regenerando os demais sistemas.

A Casa 2 é a da conclusão de um processo, maturidade[10], não é o final ainda, pois existe a colheita, os filhos estão na Casa 7, Lago, das Gerações, Metal, tanto da procriação, do resultado da cultura da terra e de seus frutos, quanto da geração mental.

Na Casa 6, pertencente ao Céu, encontram-se os Amigos, a grande humanidade, nossos semelhantes, e pertence ao Metal, Espírito do Céu, gerador, e que está associado ao Vaso Governador, que é o Mar de energia Yang.

Assim se fecha o circuito de uma vida, do nascimento até a morte/renascimento, da ascensão da energia Yang ao céu e dela se recolhendo dentro da terra, Yin. Para que haja novamente outro circuito, indefinidamente, uma nova Primavera.

---

10. É o tempo quando o fruto está maduro plenamente. Época das chuvas abundantes.

Todos estão depressivos?

Todos os pacientes que atendi durante estes últimos anos estão ou estiveram deprimidos em algum sentido.

De uma forma ou de outra, a doença básica dos moradores aqui de São Paulo é a depressão constante e de fundo, em maior ou menor escala. Os pacientes se mostravam afetados por outras pessoas, pelo lugar onde vivem, trabalhavam...

A arquitetura da cidade tem a ver com este sentimento de ver o Céu do fundo de um buraco, de uma vala, que são formados pelas ruas e avenidas ladeadas pelos prédios. A falta de horizonte leva muitos a perder a sensação de que haja a possibilidade de um futuro, revelada por lugares onde possamos ter a visão de amplitude proporcionada uma praia ou campo, montanhas etc.

Por isso vejo os imensos congestionamentos causados pelos finais de semana prolongados, uma ânsia de sair deste "buraco" que construímos.

Em Blade *Runner*[11] pode-se ver a situação deprimente de se viver em um lugar onde só chove, é úmido, escuro e triste!

Apesar de ser uma ficção, podemos transportar isso para o nosso dia a dia. Pessoas que vivem em países nórdicos também sofrem de uma depressão em função do próprio clima, chuvoso, frio cinzento. Com raras exceções, encontramos pessoas alegres e dispostas sob estas condições climáticas.

Tive a oportunidade de atender um grande grupo de finlandeses e noruegueses, e, em sua grande maioria, a perda da alegria era uma constante. Todos estavam ansiosos por sentir o sol, o céu limpo dos arredores de São Paulo. Conheci também pessoas vindas do Reino Unido e que se enquadram no mesmo quadro.

---

11. *Blade Runner, o Caçador de Androides*, de Ridley Scott, 1982.

Sobre os pontos

Existem os pontos que auxiliam na "abertura" do paciente e atuam diretamente no tempo de resposta ao tratamento. Estes revelam, afloram e externalizam a parte emocional dos pacientes. No meu entender, todas ou quase todas as doenças têm como ponto de partida um fator emocional. A atuação nestes pontos não só facilita o trabalho do terapeuta como também ajuda na identificação dos problemas, pois muitos dos pacientes mascaram a verdadeira causa com subterfúgios muitas vezes convincentes. Isso só serve para despistar, não só o terapeuta, mas também para acobertar a verdadeira raiz das alterações encontradas em todos os níveis dos pacientes.

A verdade, neste caso, se encontrada, irá melhorar o tratamento, diminuindo as doses e o tempo de contato com o terapeuta.

O melhor seria que a pessoa conseguisse se ajustar sozinha, mas como o fator que pode auxiliar na recomposição da saúde do paciente muitas vezes não pertence aos hábitos tradicionais de nossa cultura, ou da dele. Os terapeutas são necessários ver Figura 4. A influência demasiada de um profissional torna dependente tanto um quanto o outro, tornando-se mais um componente a ser tratado no paciente; no caso do terapeuta, isso é grave.

Conseguir se desvencilhar de um paciente é fator fundamental para uma boa análise. Nos casos em que há identificação extrema entre ambos, "amor", apegos, etc., ou mesmo nos casos em que a energia não atua devidamente no paciente, este tem de ser dispensado. Tal procedimento deve ser feito com muita clareza, tanto para si mesmo quanto em relação ao paciente.

A pessoa deve conseguir se restabelecer, na medida do possível, por si mesmo. Nós, terapeutas, devemos dar meios a ela de se equilibrar, descobrir as causas que a levaram a esta situação, para que ela a evite ou crie mecanismos de defesa/desvio melhores que não resultem em um novo trauma, doença. Por isso devemos dar os meios de ela enxergar a causa emocional que resultou nos problemas apresentados. Vale mencionar que existem causas locais, ou da moradia, ou escola, escritório, em que a pessoa passa parte de sua vida em uma situação fixa, relacionadas a certos tipos de adoecimento, que são revelados após uma análise mais apurada.

A maioria dos pontos de acupuntura resulta em uma área, ou pontos de Tui Ná; os que não são apresentados se devem ao fato de que, por serem pequenos demais, são inacessíveis para a nossa atuação, muitos deles se localizam nas extremidades, como nos dedos de nossas mãos.

Os pontos são áreas, como já foi dito; portanto, fica mais fácil achá-los e não errar a atuação, o que ocorre com mais frequência na acupuntura.

Os pontos localizados nas mãos atuam com uma eficácia de 30%, enquanto os localizados nos pés podem chegar a 100%. Sempre devemos deixar algo para a própria energia do paciente fazer. Dessa forma, nossa força de atuação deve chegar somente a 90%.

Para a atuação sobre os pontos menores, utilizamos, na maioria das vezes, os dedos como se fossem pinças (Nie) e/ou fazendo pequenos giros, até a palma da mão inteira, ou mesmo o antebraço todo para atingi-la.

Os dedos do bom terapeuta de Tui Ná se apresentam arredondados em suas extremidades e as unhas são recuadas da ponta. Dedos pontudos, ou com as pontas chatas, não serão os melhores terapeutas, pois o contato com o outro se torna mais desagradável ao paciente.

Além do contato com o paciente, o terapeuta deve ter a capacidade de adentrar os meridianos destes. No fim do tratamento, quando o paciente estiver desbloqueado internamente, a energia do terapeuta deve chegar com facilidade até a cabeça deste; para isso, se colocam as palmas das mãos nas solas dos pés e a emanação é feita.

Além de fazer o trabalho de desbloqueio e de restauração do fluxo da energia, o terapeuta deve influenciar beneficamente este sistema através de seu próprio Chi; um Chi treinado e polarizado nas frequências saudáveis.

Nosso objetivo, em muitos casos, é despertar dentro de cada um a energia original, que nos gerou com características únicas. Nos casos mais graves, podemos buscar esta memória formadora para o restabelecimento. Assim, devemos guardar este procedimento para quando for absolutamente necessário, não despendendo esta reserva importante, que pode ser a única salvação para o paciente.

Os pontos de abertura.

Chamo de pontos de abertura aqueles lugares em nossos corpos que tem a capacidade de trazer à tona os nossos sentimentos guardados, desde a superfície até aqueles traumas profundamente arraigados e embrenhados na mais longínqua distância de nossos passados.

Não que não existam traumas recentes que fiquem também embrenhados nas nossas fibras corpóreas, mas eles são mais facilmente trazidos ao consciente, pois ainda podem ser considerados frescos na memória.

Aqueles que estão dentro de nós há muito tempo causam danos em outros sistemas e vão direcionando inclusive nosso comportamento atual, eles têm o poder de alterar e de construir outros problemas.

Desta forma, aqueles pontos ajudam a trazer de volta essas lembranças, mesmo que estejam nas fases em que temos sensações. Essas lembranças nada tem a ver com vidas passadas, pois me sinto incapaz de poder analisar esta questão. As pessoas, atualmente, simplificaram o trato com certos assuntos remetendo tudo há tempos antigos, onde em outras vidas tenham sofrido algum transtorno. Tenho certeza de que se a pessoa está aqui, ela deve ser encarada neste momento. A solução será procurada e, com ajuda do paciente, será resolvida. Nada de aguardar um milagre que fará a solução se apresentar do nada. O trabalho pode e deve ser feito agora para não comprometer a saúde atual e no futuro.

Relacionamentos ruins têm uma grande importância na problemática pessoal, e os pacientes acham que o problema está na outra pessoa, é ela que causa o transtorno e que também a solução será dada por alguém de fora. No meu entender esta é uma ideia equivocada. A solução será dada pela própria pessoa com ajuda de alguém mais experiente e que tenha o domínio de técnicas que possam trazer para fora os traumas, doenças e transtornos ocorridos. A memória que a pessoa guarda do outro e a situação que ela carrega dentro de si é que gera o problema. Não adianta sair do convívio dos outros e buscar uma montanha para se refugiar. O problema vai dentro da bagagem, irá acompanhá-lo, ou então irá achar alguém que encarne o algoz de outrora. Não adianta fugir nem pensar que a resposta está em outras mãos que não a da própria, porque não está.

Um bom terapeuta deve usar de expedientes que possam ajudar a pessoa a se livrar de seus problemas, ou mesmo indicá-los para análise. Ele também deverá atuar de maneira a reduzir o envolvimento muito forte do paciente com o problema, distanciá-lo, tornar o mecanismo menos atuante, exigindo menos dele e de sua energia e reforçando os protocolos de cura que existem em nosso interior.

Nestes expedientes mencionados estão os pontos de abertura e que alcançam mais facilmente a "psique" corpórea de quem nos procura para o tratamento.

Estas memórias corporais estão na raiz do problema. Nossa vida deve estar de acordo com a saúde e o bem-estar, e qualquer alteração nas ordens internas ocorridas pelos traumas e alterações de fluxo energético no corpo da pessoa deve ser prontamente corrigida no menor tempo possível. A energia do terapeuta irá interferir no comportamento do paciente, e a despolarização proposta pelo agente transformador, e por sua energia, irá aparecer sempre como um foco da atenção.

É comum meus pacientes dizerem que sonharam comigo, que sentem minha presença. Isso é apenas minha energia dentro de seu corpo energético, dentro de seus meridianos, ainda polarizada de acordo com a minha identidade. Lá estarei atuando durante algum tempo, exercendo meu poder de transformação, como ajudante da condução da vontade do paciente para que o curativo feito na energia dele seja mantido. Logo a energia será reabsorvida com a identidade do paciente.

É importante desbloquear e ajudar o paciente a se regenerar. Nas áreas "machucadas" a sensibilidade fica alterada e é comum que relatem a lembrança de minhas mãos sobre determinadas regiões, que ficam sensíveis ao contato. Quando a pessoa sente o local tratado, ela está tentando colocar de volta os velhos bloqueios. Estes relatos servem para avaliar minha atuação e para saber se a energia disponibilizada está atuando dentro do outro para o trabalho proposto.

O paciente sente minha energia de 5 a 7 dias depois da sessão se for um problema leve. Nos casos mais graves, ele a absorve rapidamente e no máximo em 3 dias ela acaba. Assim, peço que retornem neste prazo para não reverter ao estado doentio original. Os problemas crônicos demandam um longo prazo de maturação.

Aqueles que têm traumas de infância demoram também para reverter o quadro. Entendo que existe uma maneira peculiar da pessoa interpretar e armazenar os fatos e o bloqueio. E ser conduzido por uma criança traumatizada e amedrontada é bem complicado, mesmo ela sendo um adulto hoje.

Existem aqueles que criaram um distanciamento ilusório dos problemas e por isso demoram muito a apresentar alguma mudança. Tive uma experiência com uma senhora que somente após seis meses é que as problemáticas vieram à tona, desmentindo tudo o que ela apresentava sobre sua vida, seus relacionamentos e a sua própria identidade. A crosta criada pela pessoa estava tão espessa que a libertação deu-lhe uma oportunidade para curar-se.

As couraças são necessárias para nos preservar dos contatos dolorosos, mas precisam sair. E os pontos de abertura nos ajudam para que possamos ir atrás da solução dos problemas. Nossos problemas devem ser tratados como experiências com as quais nos mantemos relacionados. Afinal de contas, o que acontece conosco nos forma de um jeito ou de outro. Nos estados doentios, este relacionamento com os problemas, traumas ou a memória do outro está ainda infeccionado, inflamado, purgando os seus efeitos, e, dessa forma, ninguém gosta de expô-los no dia a dia, só quem vive deles é que gosta de tê-los revelados a todo instante, quem gosta de ser apreciado pelos problemas e que ganham atenção com eles sofrem com a liberação. É como se dissessem: "eu os criei com tanto carinho, eles cresceram sob meu olhar atento, como posso me livrar deles assim? O que farei da minha vida tão vazia se os outros só me aceitam pelo que ocorreu comigo..." E por aí vai. A ladainha de quem "sofre", mas gosta dos problemas, por que trazem um certo ganho, estes são os mais difíceis de tratar, sentem prazer na dor, na que carregam e também em como podem influenciar pessoas em suas decisões sobre elas próprias e o ambiente.

Normalmente fica muito evidente este processo de ferir-se para chamar atenção, e na menor chance de se ter os problemas levemente resvalados dispara-se um processo em que o paciente se esquiva e apresenta retóricas sobre a culpa do outro em seu problema, em como o outro é responsável pelo que está acontecendo. Nesses casos, um "coitadismo" é incorporado ao seu sistema de recompensas e torna a pessoa o torturador do outro que um dia atuou como seu algoz.

As relações são absolutamente loucas entre as pessoas e dentro delas mesmas. O consumismo é outro ponto que se pode associar à baixa estima e que tenta garantir uma sensação de poder e prazer que por ela própria não aconteceria. Nesses casos, os sistemas de terra devem ser reforçados, pois eles atendem à estrutura, à mente e o hoje. Se não houver um retorno ao hoje, a ansiedade irá chegar como processo de compensação, e, se a recompensa só vier em um futuro qualquer, a pessoa perde seu eixo, seu hoje, e também a capacidade de entrar em contato com seu "Eu".

Os pontos de abertura devem ser utilizados para acharmos o que incomoda e depois devemos nos utilizar da parte interna para aplicar os curativos, fazendo com que a doença se afaste da pessoa.

O principal ponto de abertura, no meu entender, é aquele que libera a expressão do paciente.

Qualquer que seja seu problema, ele deve poder expô-lo de forma a reconhecer a origem deste, em muitos casos só a possibilidade do paciente colocar seus sentimentos para fora já é muito boa, mas não o suficiente para a cura.

Durante o tratamento, estimulo o paciente, que crie o hábito de expressar suas emoções em algum tipo de hobby, ou gaste um pouco de sua energia focada em problemas em uma atividade física extenuante.

Em muitos casos, o fator "resposta emocional" é muito evidente; Mesmo na primeira sessão, fica fácil identificá-la. Na maioria dos casos, espero para o dia seguinte algum tipo de reação nesse sentido. Outras reações esperadas são:

• **cansaço**,que pode ser tanto físico quanto mental. Ele deixa de acontecer se alguns pontos forem ensinados aos pacientes para que se automassageiem durante o período de afastamento entre as sessões;

• **distanciamento,** em pacientes mais sensíveis, algo indescritível deixa de incomodá-los. Na maioria das pessoas em que notei esta mudança, o ocorrido favoreceu a pessoa, deixando-a mais centrada, menos reativa, as reações ruins são mais bem administradas e o processo de agravamento cessa. A "doença" é um processo natural, uma defesa de nosso organismo e, muitas vezes, passamos, a enxergar a situação inicial, seus personagens, o local, o contexto, o momento em que ocorre o o trauma, e este é um fator que ajuda bastante no isolamento do ponto a partir de onde tudo foi criado.

Muitos pacientes se "perdem" quando saem da sessão, ficam perdidos em sua localização por seus pensamentos, reações, ou lembranças, esquecem coisas, a direção para onde deveriam ir. Lembro-me de um paciente que foi embora a pé, esquecendo-se do carro no estacionamento da clínica, e isso não ocorreu apenas uma vez.

O distanciamento faz parte do abandono do problema, daquilo que causa sofrimento e que pode resultar em alterações fisiológicas. Colocar um ponto final na doença iniciada no plano mental e emocional é o começo de sua cura;

• **sonolência,** muitas pessoas relatam que voltaram a dormir mais horas e melhor, isso não quer dizer simplesmente que se tenha sono durante o dia, mas pode ocorrer também. A sonolência pode ser aquela que leva o indivíduo a ir para a cama no horário em que o corpo pede e não adiá-lo. Muitas pessoas com rotinas mais intensas precisam muitas vezes descansar antes de dormir, a energia dela parece ficar desorganizada, agitada, mas fraca. Então aconselho: recoste-se num sofá antes de ir para a cama, se não correrá o risco de ficar com uma falsa insônia, enrole um pouco até o sono chegar. Do contrário, esta inquietação pode fazer com que ela se levante e não volte mais para o quarto, adiando o sono ou procurando outras atividades que tornam a pessoa mais desperta e com a energia mais confusa ainda. Este aconselhamento pode ser dado aos insones, o que ajuda bastante nos primeiros meses de tratamento.

A energia precisa de descanso, e isso ocorre quando a energia se volta para a madeira no período das 23h até as 3 da madrugada. Primeiramente indo para a vesícula biliar devemos aquietar e depois quando ela vai para o fígado ocorre a alimentação do sangue com o Chi, e deveríamos estar em repouso, senão no dia seguinte não teremos disposição para levantar e "fazer" as coisas do dia a dia;

• **aumento das secreções,** fezes, urina, suor fétido... Com a regulação dos sistemas internos, é comum ocorrer um aumento da eliminação, tanto a normal como das impurezas que podem estar colaborando para o adoecimento. Não acredito que alguém possa melhorar de seu estado sem esta eliminação. O aparecimento de coceiras, escamação da pele, brotoejas e assim por diante, são as purgações naturais do corpo, demonstrando que o processo está em andamento e que a pessoa está ficando mais "limpa";

• **bem-estar,** difícil definir o que é se sentir bem, mas muitos só percebem que estão melhores quando os indagamos a respeito, a volta a este estado nem sempre é comemorada como se deve e pode passar despercebida como uma melhora no estado geral da pessoa;

• **apetite,** normalmente ocorre um aumento ou a regularização deste, as pessoas também começam a procurar novos sabores, o que ajuda no tratamento, pois as diversas cores e sabores ajudam em nosso equilíbrio dinâmico;

• **alegria,** os estados depressivos são uma falta de fogo no organismo da pessoa, e como pude notar, todos os pacientes têm um grau ou outro deste estado. Assim o aumento da alegria do riso é considerado um bom indício de que algo está mudando, o riso nervoso ou forçado são outros estados doentios e devem ser percebidos pelo terapeuta para o devido tratamento;

• **flexibilidade corporal,** com o tratamento, a pessoa apresenta uma melhora geral no corpo e, com o tempo, esta flexibilidade é perceptível. Existem casos em que apenas com uma sessão a pessoa retoma a fluidez de movimentos, mas este estado é conseguido ao longo de algumas intervenções;

• **aumento da libido,** os desequilíbrios ocorridos tanto na Terra quanto na Madeira e Água podem causar alterações na libido da pessoa, é claro que o caminho inverso deve ser percorrido para se atingir a restauração dela. Hoje exige-se muito mais do comportamento sexual ativo, praticam o sexo com qualquer um e a qualquer momento, como se isso fosse salutar, mas o desgaste físico também irá ocorrer. Em casos em que esta prática se torna excessiva, a pessoa sentirá um vazio de essência, o que acabará por lesar os rins e até mesmo a raiz dela, o Lin Tai, a força vinda do Céu, que é a causadora das manifestações da geração, tanto masculina (principalmente) quanto feminina. Atualmente, os casos de frigidez e impotência atingem indivíduos cada vez mais jovens, e a obrigação de um bom desempenho deixa as pessoas cada vez mais ansiosas;

• **disposição geral,** pode-se perceber nas pequenas coisas como ter vontade de voltar a passear de novo, de fazer algo, mesmo de atenção para ler ou para se concentrar. O aumento da disposição pode ser percebida na vontade de se levantar pela manhã, o que é um grande problema para muita gente, principalmente para aqueles com problema na Vesícula Biliar, ou que já a retiraram. A falta de vontade é um dos piores problemas que existem, pois pode levar à estagnação da energia, pela falta dela ou devido aos bloqueios que são componentes da condição de depressão;

• **piora dos sintomas gerais,** é muito comum uma piora momentânea do que a pessoa sente. Quando isso ocorre de forma contínua, o melhor é antecipar a próxima sessão, muitas vezes o quadro piora antes de ocorrer uma melhora verdadeira, muitos serão os altos e baixos até que a pessoa se sinta bem de novo com aquele sentimento de afastamento do problema. Quando o paciente já está bem adiantado no tratamento é proposta uma "limpeza" mais profunda e mexo nos sentimentos que ficam escondidos nas camadas profundas. O sentimento é sempre de depressão profunda, de tristeza e de que não há mais saída, de que tudo se acabará, mas como é previsível fica fácil apontar os comportamentos a serem esperados. Não indicarei os pontos que uso para este procedimento porque existem pessoas que podem usá-los incorretamente e antes do tempo correto de tratamento para que possamos recorrer a esta técnica.

As pessoas depositam seus problemas em camadas; assim, vou limpando as camadas mais superficiais e, depois de algum tempo, atuaremos nas mais profundas, onde os verdadeiros problemas se encontram. Muitos desistem do tratamento antes de chegar à raiz do problema, entendem que não tem a ver com elas próprias, pensam que o terapeuta é a pessoa que, num passe de mágica, fará tudo voltar ao seu lugar. O paciente é a peça mais importante no tratamento, sua vontade é a verdadeira libertadora ela é apenas ajudada pelo terapeuta, os recursos são administrados por ele, mas tudo o que será necessário deve estar à mão no próprio corpo e mente do paciente. A nossa energia, a nossa vontade e intenção é que irão fazer a mobilização da energia do outro, mas também em comunhão com a do paciente.

• Também pode ocorrer aumento de dor local e, em determinados pontos, uma maior sensibilidade pode ser sentida. Depois de muita análise, percebi ser uma volta ao ponto de partida ou algo perto disso. Quero dizer, a pessoa recoloca a trava no ponto, impedindo a passagem que foi normalizada do Chi.

Muitas outras situações poderiam ser apresentadas aqui, mas estas são as mais comuns.

Pontos:

A massagem deve ser feita reconhecendo-se as reações possíveis. Deve-se alertar o paciente dos prováveis resultados, não para atiçar-lhe a imaginação ou ser mais um instrumento de controle sobre suas vidas.

Muitos dos pontos podem e devem ser usados de forma associada para chegarmos a melhores resultados, é bom também saber que as possíveis reações ao tratamento podem ser amenizadas utilizando-se outros pontos. Quer dizer: como existem pontos de abertura existem também pontos de fechamento.

Expressão

É o ponto que serve para que a pessoa se abra a qualquer tratamento. Quando desbloqueamos este ponto, ela pode realmente entrar em contato com seu problema ou doença e assim começar de verdade a própria cura, trazendo-a à tona. Este ponto localiza-se entre o hálux e o segundo artelho do pé, é a parte externa da região que vai da boca até a parte superior do coração. Envolve a glândula timo, garganta e toda a traqueia. É bom lembrar que esta área está diretamente vinculada aos meridianos do estômago, rins e o vaso concepção. Quanto à traqueia, devo mencionar que ali está também localizada uma passagem interna que liga as áreas onde são produzidas ou acumuladas as três preciosidades do corpo, o "Suco Cerebral" nele mesmo o "Sangue Verdadeiro", em uma parte do coração e a "Essência" ligada à parte genital. Portanto, qualquer interrupção nesta área implica que as regiões mencionadas não receberão fluido para sua manutenção.

Colocar para fora é o começo; depois, devemos buscar como ele se implantou no corpo. Muitos pacientes apresentam as situações que deram origem a todos os sintomas que sentem, aquele sapo que ficou entalado na garganta é verbalizado, os constrangimentos sofridos, as agressões físicas ou mesmo emocionais são percebidas, mesmo aquelas situações que geram nossos comportamentos erráticos. Como expressão, não me refiro apenas com a vocalização do problema, mas uma manifestação voltada para fora, ou através da própria fala, de sinais físicos, como manchas na pele, dores locais, lembranças, sonhos que conduzem de volta àquele momento que alterou a rota de um indivíduo saudável, teoricamente, e o transformou em alguém doente ou com probabilidade maior de adoecer.

Com a manifestação do que causou a alteração comportamental, podemos reconduzi-lo mais rapidamente para o caminho da saúde.

Quando tais situações foram geradas na tenra infância, as pessoas, normalmente adultos, perdem a capacidade de verbalizar, como se voltassem àquela idade quando ocorreu o fato. Como isso é muito comum, as mais diversas formas de expressão podem auxiliar na exteriorização dos problemas, como: pintura, canto, trabalhos manuais etc. até que eles se formem na mente consciente atual o panorama seja efetivamente montado e eles possam vir à tona. Como estamos falando com uma "criança" e ela ainda não aprendeu a identificar seus sentimentos, eles se apresentam muito confusos. Por estarem envolvidas pessoas com quem mantêm relação muito forte, geralmente familiar ou próxima a isto, é necessário que se recorra ao lado racional de hoje para remontarmos o quebra-cabeças de sua história.

Uma paciente em sessão pôde experimentar novamente um

momento de contato com uma destas lembranças perturbadoras. Ela manifestou seus medos e também, de uma forma viva, pôde aflorar seus mais íntimos sentimentos a respeito das pessoas envolvidas, como se estivesse revivendo tudo naquele instante.

Casos de agressões físicas, morais, mentais ou abusos sexuais criam um vínculo com o agressor e, em muitos casos, os sentimentos ficam confusos. Agressão, como forma de amor, não existe! E este pensamento deve ser reforçado para que a pessoa possa se livrar do trauma.

O medo é um fator importante para a maioria dos casos. E pode se apresentar como um Transtorno Obsessivo Compulsivo. Muitos destes TOC's podem ser absolutamente "normais" e manifestarem-se de forma bem leve e serem de difícil percepção.

O ponto da Expressão ajuda como uma válvula de escape, tanto para os velhos problemas quanto para os novos. Assim, devemos sempre estimular que a pessoa possa fazer em si mesma uma manutenção neste ponto.

Apesar de serem acessadas lembranças profundas, o ponto serve para problemas do dia a dia, como os que afetam a garganta, a tosse, problemas dentários, ouvido, rinite, refluxo, soluços e até nas dores de cabeça. O ponto de transferência desta dor está localizado nas mãos (IG04).

LOCALIZAÇÃO

O ponto IG04 (He Gu - Vale da Junção) pertence ao Meridiano do Intestino Grosso e fica no lado dorsal da mão, entre o primeiro e o segundo metacarpos, no meio do primeiro músculo interósseo dorsal, no ponto mais alto do músculo interósseo.

Seu relativo, e com maior espectro de atuação, se situa entre o ponto F02 (Xing Jian – Meio do caminho) e o F03 (Tai Chong – Ponto Estratégico) no pé, pontos do Meridiano do Fígado. Fica depois de F02, localizado entre o primeiro e o segundo podo-dáctilo, à frente das articulações metatarsofalangeanas e antes de F03, que se localiza na mesma linha só que atrás das articulações metatarsofalangeanas.

Quanto à sua ligação com o meio do peito, ele está vinculado ao Ponto VC17, que regula todo o funcionamento cardiopulmonar como com os acúmulos de sentimentos desagregadores, além da glândula Timo. A regra é: os problemas emocionais agem de forma a transformar o osso esterno em uma adaga, sob a óptica taoísta, que serve figuradamente para que a pessoa possa desferir um golpe contra o próprio peito!

Como se o indivíduo, estando em alguma crise emocional, resolvesse se punir usando esta "arma" para tal. Aquelas dores no peito que muitas pessoas sentem referem-se a este procedimento, que lesa tanto a própria glândula quanto a sua parte emocional mais ainda. Segundo esta filosofia, a Timo não deixa de funcionar, como os ocidentais[12] dizem, ela apenas diminui seu ritmo de funcionamento para, a partir dos quarenta anos de idade, ela começar a perder sua força vital, Yang.

Os dores nesta região nem sempre estão associadas a algum tipo de problema cardíaco, mas sim a um grave sentimento de querer se matar, ou a algum outro sentimento muito exacerbado com o qual a pessoa não consegue lidar, gerando uma resposta emocional.

As dores no peito podem também ser associadas ao pericárdio, membrana que envolve o coração.

Uma indicação importante para o ponto IG04 é o de regulação

---

12. No Ocidente, diz-se que a glândula Timo funciona somente nas crianças, deixando de exercer uma função real na pré-adolescência. Gosto da ideia de que ela se parece com aqueles remarcadores de supermercado que etiquetam os produtos com preço, fornecendo algumas informações sobre ele, para que posteriormente sejam identificados como sendo daquele estabelecimento. Como esta glândula faz parte do sistema de defesa, nossas células são marcadas por ela como pertencentes ao corpo; assim, o sistema de defesa pode aceitá-lo se estiver marcado e, se não estiver, será atacado pelo corpo como algo estranho. Na visão taoísta, a glândula tem um papel fundamental, pois pode disponibilizar uma carga de energia Yang ao Corpo, além de também pertencer ao sistema de defesa como um todo. O foco de entendimento é de que a capacidade deste Yang fazer a defesa de nosso corpo, ela só deixa de funcionar a partir dos quarenta anos de idade e sua preservação se dá por meio de treinos de energia, de massagens e também pelo não envolvimento com as situações, buscando um afastamento e a cabeça fria em relação aos problemas.

do período da menstruação, tanto o intervalo quanto a duração desta. Em alguns casos tratei somente este ponto, mas em casos mais graves é necessário um tratamento que leve em consideração outros pontos importantes, como o que abordaremos a seguir.

Ponto de Mágoa

Serve para libertar a pessoa daquele sentimento de introversão de algum problema, em especial da raiva que não pode ser extravasada, e assim se cria um ponto de acúmulo de energia que pode se solidificar e se transformar em nódulos, malignos ou não, e não na sua localização. Em geral, nas mulheres eles surgem nas mamas.

LOCALIZAÇÃO

Este ponto, na realidade, é uma faixa estreita que vai aproximadamente do ponto C02 (Qing Ling - Analgésico eficaz) da acupuntura até uns 10 centímetros abaixo do ponto C03 (Shao Hai – Mar de Shao Yin) do mesmo sistema do coração. Ele não deve ser pontuado muito fortemente, pois pode haver efeitos indesejados no sistema do coração. Fica entre C02, localizado 3 pa[13] acima do cotovelo, na borda medial do músculo Bíceps do braço e C03 encontrado dobrando-se o cotovelo. O ponto localiza-se na depressão na extremidade da borda prega transversal da face medial do cotovelo.

O ponto de mágoa reflete-se também na região da perna em outra localidade relativa, ou seja, acima do joelho pela parte interna, acima do ponto F09 (Yin Bao) até aproximadamente 10 cm dele, acima na coxa. Este "ponto" desce até abaixo do joelho por mais 10 cm, nas proximidades do ponto BP8 (Di Ji – Estratégia da Terra)

---

13. Pa ou polegada anatômica é um conceito da MTC que utiliza a própria polegada do paciente como medida de referência. Ela equivale à parte onde se encontra a digital do polegar. Venho tentando demonstrar que os mapas de acupuntura que levam isto em consideração deveriam tentar fazer um bate, pois nas mais diversas tentativas de se utilizar o pa como medida para se encontrar um ponto de acupuntura ou mesmo de medir um dos membros como se indicam, eles nunca batem. Minha impressão é de que como no caso da jarda, a medida também pode estar baseada em medidas de algum governante Chinês.

e BP9 (Yin Lin Quan – Fonte Yin da Colina), envolvendo-o. É também uma faixa, assim devemos tratá-lo como um todo.

Estas duas faixas nas mulheres estão também associadas a disfunções que ocorrem no período da menstruação, mas não se deve descartar que os problemas ocorridos com os parceiros destas mulheres se reflitam em alterações tanto na menstruação quanto no lado emocional delas, como aquelas alterações de humor muito comuns neste período.

Existem mulheres que sofrem de TPM (Tensão Pré-Menstrual) e aquelas que sofrem de TPPDM, ou seja, Tensão, Pré/Pós e Durante a Menstruação, passam o mês inteiro com o humor alterado. Em associação ao tratamento que será feito na massagem, estes pontos devem ser trabalhados quando as mulheres reclamarem desses sintomas.

Quer dizer que, além dos problemas acima mencionados, devemos sempre lembrar que existe ainda o fator emocional e os problemas deste tipo Yin podem geram nódulos nos seios e, por consequência, se refletirem nas estruturas reprodutivas femininas inferiores.

Acúmulo emocional

Este ponto está relacionado com os diversos sentimentos negativos ligados à depressão, como tristeza, melancolia, abandono que alteram inclusive a pulsação e podem ser verificados nos pulsos radiosos ligados aos rins e eventualmente nos outros também. Faz com que a pessoa fique recurvada. Sentimentos de medo de agressão ou traição se revelam neste tipo de movimento físico postural – estas pessoas criam uma espécie de couraça resistente à violência já sofrida ou eventual nova, que pode nunca chegar a ocorrer. Este mecanismo altera tanto a postura da pessoa como pode alterar o fluxo do Chi que preenche os pulmões e causar os sentimentos de tristeza de que falamos.

LOCALIZAÇÃO

O ponto do Vaso Concepção, ou VC17 (Dan Zhong – Centro do tórax), Mar dos Sopros, é localizado entre os dois mamilos, bem no meio do peito, na linha média do esterno, na altura do quarto espaço intercostal. Não se deve abusar deste ponto, apertando-o muitas vezes. Nas sessões, deve-se usá-lo com certa firmeza, mas sem machucar a pessoa. É um ponto para tratar também o "Pití", ou seja, dengo, ou fingimento de doença, ou alguém que desmaia sem motivo aparente ou, de fundo emocional, serve para verificar se a pessoa está verdadeiramente desmaiada.

O ponto também tem relação direta com a respiração e o batimento cardíaco, originários da parte inferior do corpo, mais precisamente do períneo e do músculo ancestral localizado naquela região. Mantém contato íntimo com o meridiano grande Lo do Estômago através do qual se manifesta no peito, está associado à pulsação proveniente da Terra que nos mantém vivos.

Pontos dos Sonhos e Pesadelos

Existem dois pontos para revelar sonhos – um deles mais precisamente para por para fora sentimentos guardados no coração e outro serve para a regulagem dos sonhos de uma forma geral. São eles:

Pesadelos

O ponto do Meridiano do Coração C07, Shenmen, Portão do Espírito, é um ponto que pode provocar pesadelos quando manuseado, mas também ajuda a diminui-los. Neste caso, tais sonhos são resultado de um tipo de "sujeira" que se pode encontrar no coração, serve para auxiliar nos tratamentos de pessoas que sentem medo ou sofrem de tensão constante.

Como pertence ao meridiano do coração, deve ser tratado com cautela. Se houver alteração do tipo congestionante, o ponto se apresentará bastante dolorido, e não se deve apertá-lo com força, pois poderá lesar a Morada Original das Almas Vegetativas os "Ben Shen", ou Coração.

Localização

Atrás do osso Pisiforme, no lado radial do tendão do músculo

Flexor Carpal Ulnar. A área abrange a região externa, lateral, do pulso, numa fenda a dois dedos aproximadamente da linha do pulso em direção ao cotovelo.

Sonhos

O ponto dos sonhos é o BP02 (Da Du – Grande Capital), pertencente ao Meridiano do Baço-Pâncreas. Ele se revela muito útil quando a pessoa não consegue lembrar nunca de seus sonhos, o que pode-lhe causar problemas emocionais, ou sonha em demasia, o que lesa o Baço.

Este ponto libera a energia para que ocorra o sonhar natural. Devemos ter a sensação de ter sonhado, mas não necessariamente lembrar vivamente dos sonhos ou mesmo tê-los em demasia em uma noite. Até duas vezes por semana isso pode ser considerado normal. A ativação deste ponto impede o desequilíbrio na energia do baço e o enfraquecimento deste órgão e de forma geral de todo corpo, o que pode causar adoecimento e até a morte. Lembre-se de que o Baço é o órgão Central da MTC, por suas ligações com todos os demais órgãos e vísceras.

É muito comum encontrarmos pessoas com o baço enfraquecido que, ao dormir, tenham a sensação de observar seu corpo deitado na cama, como se estivesse de pé ao seu próprio lado. Conheço as práticas de projeção do corpo astral, mas fui aconselhado por meu Mestre a evitar este tipo de atividade para não lesar meu Baço. Este tipo de viagem fora do corpo deve ser feita a partir do chamado "corpo Yang", técnica que preserva a integridade do físico e permite trafegar livremente como se faria naquela prática. Um dos indícios do enfraquecimento é a diminuição da relação batimentos cardíacos/ciclos respiratórios, que resultam em número por volta de 50 (ver Pequeno Tratado[14]).

Encontrei em alguns pacientes da chamada "emissão involun-

---

14. *Pequeno Tratado de Medicina Esotérica Chinesa*, Ed. Ícone, do mesmo autor.

tária" ou "ejaculação noturna" sem intenção e muitos me relataram serem assediados por sonhos eróticos e formas femininas. Apenas uma mulher me confidenciou este tipo de acontecimento. Quero lembrar que em diversas culturas existe o conhecimento de seres que roubam a energia sexual das pessoas e, como fato recorrente, eu decidi mencionar isto aqui. Durante a Avaliação Energética pelos Pulsos Radiosos percebi, em todos, diminuição das energias nos Rins e do Baço, com reflexo direto na geração de filhos.

LOCALIZAÇÃO

O BP02 está ao lado medial do Hálux do pé, na união de peles clara e escura, na parte anteroinferior da articulação metatarso falangeana.

Tristeza

As proximidades do ponto P1 (Zhong Fu – Mansão do Pulmão), mas que abrange 10 centímetros de diâmetro aproximadamente, com este ponto ao centro, afeta diretamente os sistemas do Pulmão e do Baço-Pâncreas, pois este é o ponto de união destes dois. Assim, ele serve para melhorar as relações entre estes dois e para eliminar o catarro do peito e o muco corporal, causador da maioria das doenças. Além disso, é indicado para aflorar a tristeza de dentro da pessoa, aqueles sentimentos destrutivos que todos, volta e meia, temos. Seu bloqueio percebido pela área endurecida deve ser dissipado para que haja liberação desse sentimento.

Em muitos casos, utilizo todos em conjunto e as reações devem ser monitoradas, pois podemos fragilizar demais a pessoa, e não é este o intuito, e sim o tratamento dos problemas apresentados, sem se criarem outros adicionais.

A pessoa não deve ficar exposta demais. Além de constrangê-la, ela pode ficar aberta para ataques exatamente daqueles que ela vem se mantendo longe.

Couraças demandaram energia para serem montadas. Dessa forma, devemos dar sustento antes de retirar as proteções criadas. Não só existe o problema de se lidar com os sentimentos que irão aflorar, mas com a energia que está contida no local. Ela deve ser posta para circular ou até mesmo deve ser dispersada.

O terapeuta deve saber controlar os efeitos, apesar de muitos deles fugirem a nossa capacidade. Muitas das reações são benéficas para os pacientes, pois incitam um movimento de mudança, são muitos os casos em que a pessoa deixa um trabalho opressivo e busca algo para satisfazer sua vida. A busca pela satisfação pessoal é algo inerente à raça humana, o prazer, mesmo nas pequenas coisas, deve existir, e muitos dos pacientes tendem a achar que só a manutenção da existência é o suficiente, vivem sem atividades lúdicas, não têm passatempos, algo que as façam felizes!

LOCALIZAÇÃO

Fica na fossa entre a clavícula e o ombro, abaixo de P2, no espaço entre a primeira e segunda costela, 6 polegadas anatômicas (pa, ou tsun) para o lado da linha média do corpo.

Tranquilizador e entrada

Serve para que a pessoa possa se abrir para o tratamento, e para tranquilizar-se durante a sessão ou aumentar este sentimento a partir deste momento. Quando ele estiver alterado devido a alguma reação, ativa de uma forma geral todos os meridianos do corpo e também para parar algum efeito que foi muito aflorado. É um dos pontos de entrada da energia celeste e por aí podemos acessar o interior de quem estamos atendendo.

LOCALIZAÇÃO

O ponto VG20 (Bai Hui – Cem convergências) fica 5 pa atrás da linha do cabelo, ou 7 pa acima da linha posterior do cabelo. Sua abrangência, com este ponto ao centro, é de 3 polegadas mais ou menos em diâmetro, e também se presta para pessoas com retenção urinária (ver na explanação sobre os pontos mais a seguir).

Quanto às manobras a serem feitas, elas serão mais bem indicadas no capítulo sobre os meridianos ou na apresentação das manobras.

Memórias de infância

Outro ponto que sempre uso é o localizado na perna, na parte interna no músculo gastrocnêmico em sua borda e medial, é uma área extensa e pode chegar a ter 20 centímetros de comprimento. Ali se instalam as situações marcantes durante a infância, até aproximadamente os 10 anos de idade. Este ponto auxilia em traumas causados durante a primeira infância, em especial na fase não oral, ou quando o paciente ainda não havia desenvolvido um vocabulário mais extenso.

Até mesmo os bons acontecimentos ficam memorizados e podem retardar o desenvolvimento da pessoa, fazendo-a agarrar-se a padrões que serão prejudiciais no futuro. Existem pessoas que não conseguem lembrar-se de alguma parte de sua vida e, se este é o caso, esta região irá disponibilizar memórias que a auxiliarão a rever este período. Tive uma paciente em que parte de sua memória estava aparentemente "deletada", e isso causava frustração a ela. Fiquei intrigado, pois não é muito comum haver um período tão grande de branco, desde os quatro anos de idade até o seu ingresso na faculdade. Comecei o tratamento principal, deixando este fato de lado. Após a conclusão deste, fomos investigar mais profundamente e achamos, com o auxílio conjugado de alguns dos pontos acima mencionados, o tal trauma na primeira infância. Foi muito bom encontrar este bloqueio que ajudou a pessoa a mudar seus rumos.

Mais recentemente, uma paciente que tivera grande parte de seu corpo queimado na adolescência lembrou-se do acidente. O marido dela, com quem convive há mais de vinte anos, desconhecia o ocorrido.

Frustração

Este é um ponto de Tui Ná que se localiza na sola dos pés, indicado como Duodeno, ver no Mapa dos Pés/Sola. Quando alguém fica muito frustrado, seu duodeno se retorce e faz com que a bile proveniente da vesícula biliar não consiga entrar ali, causando um refluxo e um acúmulo daquele líquido na própria vesícula. Com isso, ele vai endurecendo e causando aquelas pedras que depois podem ser removidas junto com a víscera em uma operação[15]. Quando sentimos um ponto extremamente duro naquela região do pé podemos ter certeza de que a pessoa foi frustrada em alguma de suas disposições. Esta contra-ação pode ocorrer por uma ordem recebida de outra pessoa que tenha uma ascendência muito forte sobre ela, como, por exemplo, um dos pais, ou mesmo isso pode ocorrer por algum bloqueio cultural ou emocional. Não se entender isso pode acarretar uma dificuldade quanto ao tratamento das referidas pedras.

Couraças

Uso o termo desenvolvido pelo Dr. Reich para também denominá-las assim. Minha visão é que tais couraças servem a um propósito; não devemos, portanto, ir retirando esta forma de proteção e prevenção assim que a localizamos, elas devem ser trocadas por uma segurança interna, ou seja, devemos tratar e concomitantemente ir retirando essas proteções do corpo da pessoa.

Existem diversos lugares em que elas podem estar posicionadas. As mais comuns são as localizadas nas costas, entre as omoplatas ou um pouco abaixo delas, e parecem com a carapaça de uma tartaruga. Normalmente, servem para evitar algum sentimento ou para preservação; além disso, evitam que seus "donos" sejam atacados e como proteção ao sentimento de traição. Não necessariamente as pessoas que foram traídas as desenvolvem, mas a possibilidade de serem traídas podem gerar estas proteções.

Em oposição a esta couraça criada nas costas, a pessoa apresenta um encurvamento para dentro do peito, ele fica afundado no meio, o que mostra uma tristeza também.

---

15. Sob a óptica da MTC.

Outras formas de endurecimento são encontradas ao longo do corpo, inclusive daqueles que sofrem de uma moléstia conhecida como esclerodermia, que são placas criadas pelo corpo todo, fazendo com que a pele do paciente se transforme em placas duras. Esta doença está relacionada a este sentimento de traição e também a um alto índice de controle que a pessoa deseja exercer sobre a sua vida e daqueles à sua volta.

Este alto nível de controle, ou desejo de controlar, impede o fluxo de energia natural, desviando, inibindo ou alterando a própria vibração. Os danos são muitos e podem ser percebidos não só localmente, mas por todo o corpo.

A tensão pode ter sido causada por algum tipo de trauma, emocional ou não, bem como medo, ansiedade ou outro sentimento destrutivo que a pessoa venha a desenvolver.

A solução é sempre a mesma: deve-se cuidar do paciente suprindo suas necessidades para, então, ir se tirando gradativamente esta couraça.

Ao longo dos tratamentos pude encontrar outra couraça, que fica localizada na parte lombar da coluna. Neste caso, existe uma retificação da curvatura natural encontrada ali. Em todos os casos, este tipo de alteração ocorre em pessoas com diabete, ou pré-diabéticos e relacionado a isso um sentimento caracterizado por uma perda da alegria e/ou uma desilusão.

Existem outros pontos, como o que chamo de "Ponto do Fim do Mundo", mas para isso entendo que se deva avaliar o paciente pessoalmente.

Pontos de fechamento

Os pontos que mais uso para diminuir ou mesmo acabar com uma reação são os seguintes:

• **CS08** (Lao Gum), no centro da palma da mão. A massagem nesse local deve ter o sentido de parafusar, a pressão deve ser suave, mas ao mesmo tempo intensa, pois ele serve para tranquilizar a pessoa, para provocar aquela respirada relaxante, ajuda a parar o choro incontrolável, diminuir a pressão torácica, ajudar a abaixar a pressão arterial, aliviar a sensação de peito congestionado ou dor, além de tratar os olhos.

• **R01** (Fonte Borbulhante) tem os mesmos efeitos do CS08, mas com a pretensão de alcançar maior profundidade, pois está ligado ao plexo solar. Estamos falando de Tui Ná e, portanto, não é só restrito ao ponto do meridiano dos rins, mas a uma área que fica abaixo dele, em direção ao calcanhar e que tem até duas polegadas de comprimento. As questões que envolvem a região do peito podem ser mais bem resolvidas através deste ponto. A intenção é sempre de acalmar a pressão intensa, mas ao mesmo tempo suave.

• **E36** (San Li da perna) e IG10 (San li do braço) servem para acalmar a pessoa, para fazer parar o choro e a tristeza, para reduzir a pressão torácica, angústia e fraqueza. Como é o ponto da carência, auxilia nos tratamentos dos depressivos, em que a pessoa se sente só, desamparada, devolve também o bem-estar, elimina o cansaço, melhora a autoestima e revigora. É um ponto catalisador dos demais, pois aumenta, potencializa o tratamento ou simplesmente o efeito dos demais pontos. Em especial, o encontrado nas pernas é bem extenso e abrange a região lateral e abaixo do joelho pela parte externa; o do braço pode ter uma área próxima a duas polegadas quadradas.

• **Tân Tien**, o ponto localizado três polegadas abaixo do umbigo, serve para centrar a pessoa. Se ela estiver muito alterada, ou se você quiser fazer parar as reações, simplesmente deve concentrar sua atenção na palma da mão e colocá-la sobre a barriga do paciente deitado. A massagem nesta região também acalma as pessoas que passaram por algum tipo de trauma forte, choro etc. Quanto mais sua intenção se desenvolva, maior será o efeito. A própria pessoa pode pressioná-lo em casos de intranquilidade, nervosismo, alteração de respiração (hiperventilada), tristeza, choro compulsivo, insônia, falta de centro, eixo, excesso de pensamentos, falta de concentração, ajuda também na eliminação. Serve para aumentar o fluxo sanguíneo.

Como é o centro de gravidade, pode estabilizar qualquer outro sistema. O recolhimento ali deve sempre ser feito em pessoas que se sintam esgotadas, por quaisquer motivos.

• **VG20**, mencionado anteriormente. Posicionar-se atrás e pousar a mão sobre o ponto.

Pontos de reforço

Os pontos que apresento agora servem tanto como reforço como para consolidação e também para manutenção do tratamento feito, ampliando assim o espectro de nossa atuação. Ela própria poderá, em alguns casos, fazer esta atividade.

Massagem no dorso das mãos

Serve para aumentar a energia, ativar os rins, tranquilizar, ativa a circulação sanguínea, reduzir os sintomas de pressão de qualquer tipo.

Pavilhão Auricular

Existem diversos pontos nas orelhas, pois é um dos micros-sistemas do corpo. Alguns podem auxiliar na recuperação da memória, para descansar a mente e para ativar a pessoa se estiverem cansadas de alguma forma. Por isso recomendo a utilização do ponto do ápice da orelha. Aperte com vontade, ele dói um pouco, mas ajuda a recuperar a atenção, serve para as pessoas que estão dirigindo por um longo período para ajudá-las a "acordar".

Pontos de Recuperação

Existem dois pontos que servem tanto para recuperar-se de desmaios quanto para levantar o astral e aumentar a energia, o TA03 e o VB41. São esses pontos que têm a responsabilidade de trazer de volta a pessoa dos estados de choque, é claro que se deve avaliar a causa do problema. O ponto VB41 é um ponto estabilizador da pressão arterial; dessa forma, se a pessoa desmaiar por pressão alta ou baixa, ele atende às necessidades de momento, mas o TA03 é um ponto que melhor atende àqueles que desmaiaram por pressão baixa, ou mesmo por desânimo. Para tratar ou pelo menos amenizar os sintomas até que outras providências sejam tomadas, para baixar a pressão arterial, o ponto IG05 deve ser usado. Se a pressão se mantiver alta, o ponto semelhante a este no pé deve ser ativado também, BP05, pois ele irá complementar o tratamento ou mesmo a retirada deste estado. Depois, deve-se sempre associar a isso o tratamentos dos rins, pois a falta de energia destes pode acarretar os desequilíbrios na pressão arterial.

Tanto o TA03 como o VB41 são catalisadores, além de reforçar os pontos tratados durante a sessão, pois estão vinculados ao Triplo Aquecedor ou Trovão, que comanda todas as potências dentro de nossos corpos, ativando nossas diretivas constitucionais emanadas pelo "Fogo Imperial", nosso criador.

Dessa forma, agem aumentando a energia vital, além de causar uma integração de nosso espírito com o nosso corpo. Como o centro da Intenção, "I Chiao", ou vontade, está localizado na região comandada pelo Aquecedor Original[16], ele também é ativado. Assim, o fluxo energético de nossos corpos pode ser revitalizado utilizando este simples procedimento; serve para aquelas pessoas que perderam o objetivo de vida, que não tem a mente clara e até mesmo a falta de vontade de realizar as coisas, atendendo assim a uma série de necessidades daqueles que sofrem de depressão, medos, falta de perspectiva, síndrome do pânico etc. Sua atuação é bastante extensa por estarem vinculados ao administrador interno de nossos corpos e aos ciclos de nossas vidas.

A organização interna também está vinculada diretamente

---

16.   O Aquecedor Original é de onde surge os "Três Aquecedores" e se localiza na porção pertencente ao Médio, deslocando-se apenas um pouco dele. Ver Schatz e Larre em *Aperçus de la Medicine Chinoise*.

com aquela região. As iniciativas de ativação, ou de tonificação, sempre irão atuar de maneira benéfica para quem quer que seja tratado. Quanto mais desvirtuado o paciente estiver, maior será o efeito destes pontos, pois ajudam a recuperar a diretiva inicial da vida de cada um; assim, as pessoas seguirão seu próprio destino e não aquele que o terapeuta puder escolher como alternativa.

Ming Men

O Portão da Vida, Du Mai 04, localizado abaixo da apófise da segunda lombar, pode ser usado como uma grande fonte de vitalidade. A massagem nesta região, não só no ponto, ativa o corpo todo, revitaliza os rins que são nossa caixa de força, estabiliza o paciente nos problemas de saúde mais complicados e serve também de complemento a todos os tratamentos.

Ponto de tonificação do Rim

Localizado no final das costelas, em sua parte inferior e posterior, onde existe um bico para baixo delas, o manuseio desta região atua diretamente na tonificação dos rins. Para pessoas que não conseguem se levantar por algum motivo, pode-se "cutucar" com a ponta dos dedos em ambos os lados simultaneamente nesta região, fazendo com que uma descarga de energia se faça sentir pelo corpo. Não se pode se ter a pretensão de tratar nada com esta manobra, ela serve mais para que a pessoa possa se recuperar ou mesmo voltar a andar.

B60, Kun Lun

Serve para a tonificação dos rins, beliscar o tendão de Aquiles. Com este propósito, a manobra consiste em pegar em pinça esta região entre os dedos, indicador e polegar, sem tentar comprimir as pontas destes mesmos e puxar o tendão, mantendo-se esta pinça firme. Esta manobra deve ser repetida algumas vezes de cada lado. A tonificação dos rins, para os casos de inapetência, é um auxiliar nos casos mais profundos. E traz também estabilidade emocional à pessoa, fazendo com que ela inclusive ponha os pés no chão, retome sua vida aqui neste mundo, saia do mundo da lua ou da fantasia que estava vivendo para centrar seu corpo e seu espírito, num mesmo momento e lugar. É um ponto conhecido por liberar endorfina no corpo, muito útil para os dependentes deste hormônio como os atletas, quando em "fissura" por carência daquela "droga".

Pontos Catalisadores

Tanto o ponto E36 quanto o IG10[17] são pontos que ajudam a efetivar o tratamento proposto, pois aumentam, estabilizam e prolongam os efeitos dos pontos utilizados. Como são considerados pontos curingas, geralmente fazem parte dos tratamentos; portanto, é aconselhável a utilização dos mesmos. Além de aumentar a predisposição para o tratamento faz com que a pessoa ajude com seus próprios recursos de energia. Quer dizer que eles podem e devem compor a linha de cura, desde a preparação para o tratamento em si, durante este, reforçando os efeitos e disponibilizando a energia para a sua efetivação, e finalmente como selador do programa, não simplesmente finalizando, mas fazendo com que a pessoa possa ter os efeitos prolongados após as sessões. Estes pontos assemelham--se a B60 quanto à liberação de endorfina.

Dentro desta mesma visão, poderíamos apontar também o Tân Tien e o Ming Men e, de certa forma, o ponto Ren Mai 17, relacionado com a divisão energética que afeta a bomba cardíaca e respiratória, mas de forma tranquilizadora.

Pontos de Tonificação

São pontos que tornam a pessoa mais disposta, atenta, renovada, com vontade de agir, pronta para pensar, com a mente tranquila, e apesar disso com disposição. Servem não só para elevar o astral, mas também para preparar o físico para a ação. Não são pontos de toni-

---

17. Tanto E36 quanto IG10 são os Pontos das Três Léguas, nas pernas e braços, por isso, não confundir com o ponto associativo de E36, que é o IG11.

PEQUENO TRATADO DE MEDICINA ESOTÉRICA CHINESA

ficação de meridianos, se eu quisesse ativar o meridiano do Intestino Grosso, por exemplo. Estes aqui são pontos que no tratamento, oferecem um ganho geral, uma potencialização do tratamento como um todo ou apenas um ganho na Energia do paciente. Os pontos mais importantes de tonificação serão explanados a seguir.

San Li

Ponto das 3 Léguas, E36 (Tzu San Li – Três Li do Pé) na perna, e IG10 (Shou San Li – Três Li do antebraço). Estes, além dos demais pontos de tonificação, servem para diversas aplicações, que não serão tratadas agora. Apesar de que vale mencionar que auxiliam em deixar a mente clara e tranquila, o que, em muitos casos, resolve o problema do cansaço no nível mental e auxilia também em problemas de tontura. Por acaso, estes pontos dão uma carga de energia que dura mais tempo para ser consumida, sua ação não é imediata, é gradual e cumulativa. Ao contrário de outros pontos, pode-se utilizar, se não tiver à mão a Moxa, aqueles bastõezinhos de Artemísia, um secador de cabelos ou qualquer outra fonte de calor.

VB41 e TA03

Estes pontos devem ser entendidos de forma distinta, ou para acordar quem sofreu um desmaio ou animar quem está cansado, para ajudar a estimular o corpo de forma integral. Por isso sempre os estou indicando, ora para um tipo de ação, ora outro. São pontos daqueles que sempre doem, no pé, o **VB41**(Zu Lin Qui – Regulagem das lágrimas), serve para a normalização da pressão arterial; e o ponto relativo a ele na mão, o **TA03** (Zhong Zhu – Ilhota do meio), serve para aumentar a pressão arterial. Aumentam de forma rápida a disposição, por isso estão associados a desmaios, não só daqueles provocados por queda, mas também aqueles causados por desgaste ou outro sintoma qualquer.

São pontos que servem para diminuir o cansaço mental, não só o físico, para acelerar o raciocínio, aumentar a atenção e para despertar. Quando se está dirigindo por longos períodos pressionar este ponto apresenta bons resultados, ou em aulas à noite, quando a reserva de energia já está menor, ou quando o terapeuta já atendeu uma dezena de pessoas e acabou de chegar mais uma, e a energia baixou, este ponto "salva a pátria".

Ponta dos dedos

Em todos os dedos, deve-se massagear como se estivesse apertando e girando ao mesmo tempo. Esta técnica consiste em apertar e girar as bordas laterais das unhas de todos os dedos em pinça. Mesmo que isso doa um pouco, ativa o corpo todo, e o tempo de resposta é de rápido a médio.

Ponta superior das orelhas

Serve para despertar a mente além de ajudar a tonificar o corpo também.

Massagem no rosto

A massagem no rosto é um bom ativador de nossas energias e também faz com que nossa atenção desperte. Existe uma forma de ativação dentro das massagens na região do rosto em que se cospe na palma da mão esquerda e a esfrega uma na outra até que se sinta um calor forte e depois esta mão pode ser aplicada sobre os olhos, com efeitos calmantes e após esta tarefa esfrega-se toda a cabeça e o pescoço para se ativar o corpo todo. Acha a técnica anti-higiênica? Mas lembre-se, tem muita gente hoje se utilizando da urina para a recuperação da pele do rosto e a manutenção de sua aparência com grandes ganhos!

Quinto pododáctilo

Massageie por fora do dedo, na junção deste com o pé. Ali é a origem dos meridianos dos rins e serve para tonificá-los e ativar os rins.

Esta não é bem uma técnica de massagem, mas quero deixar registrado que o recolhimento no Tân Tien é muito importante neste quesito. Somente se recolher lá, se já estiver preparado, ou colocar as duas mãos, a direita sobre a esquerda, nesta região, irá aumentar seu Chi, o que pode ser feito pela pessoa ou pelo terapeuta.

Em geral, o terceiro ponto do meridiano de energia, contado a partir das extremidades, é o ponto onde o fluxo de energia pode ser aumentado. Além disso, segurar um dos dedos firmemente ativa a energia de cada um deles: para a Água os mínimos, o indicador para a Madeira, o médio para Fogo, para a Terra o polegar e o anular ativa o Metal.

Problemas e onde suas consequências se apresentam

Os problemas e as consequências estão agrupados por movimentos, mas o mais importante é que eles têm características similares. Dessa forma, um pode adentrar ao outro, assim os problemas mencionados do baço, por exemplo, podem também ter relação com o estômago, e assim por diante. Todos estão vinculados entre si e, mesmo avançando na questão, os movimentos ainda surtem seus efeitos em seus filhos diretos e naqueles onde exercem o poder de controle e por quem também são controlados.

As regras de controle e de geração devem ser utilizados aqui, sempre para se ter uma visão ampla do sistema e da situação, e os efeitos vão bem mais além do que podemos perceber.

Normalmente, os problemas fazem parte de um todo, eles não pertencem exclusivamente a um determinado movimento, mas a uma série deles, o que aponto logo abaixo não leva estas imbricações em conta diretamente, pois os problemas devem ser entendidos seguindo o mesmo pensamento que ocorre na MTC. Em cada um dos cinco movimentos existem também cinco variações, e o conhecimento mais aprofundado não pode ser dado sem se estender muito sobre o assunto.

TERRA

Baço

Relacionamentos interpessoais, mente, problemas com os eixos, com o lado maternal principalmente, geração de filhos, com a mãe, com o estado de ser mãe, com as filhas principalmente, ou como filha, secura no trato com as pessoas, pessoas "grudentas", apegos, baixa autoestima, incapacidade de seguir sozinho e de viver o momento atual, o estar aqui também, as pessoas que agem como balõezinhos, indo sem direção ao sabor do vento, ou de uma personalidade mais forte, incapacidade de se fixar em um determinado lugar, de concretizar seus sonhos, de levar adiante seus projetos de vida, viver no mundo da lua, nervosismo. Se a pessoa vive no mundo das nuvens, este ponto pode estar com a sua energia baixa, solidão, egoísmo.

Pâncreas

Perda de alegria de viver, perda do poder de se virar por si, mover as cadeiras, flexibilidade, sentimento de fracasso, relacionamentos problemáticos, enxergar problemas em todos aqueles com quem se relaciona.

Estômago

Preocupação, controle, intransigência, assimilação, partilhamento, problemas com receber e doar, ter de parecer sério, adota posições rígidas, limitações.

Duodeno[18]

Frustração, assimilação, deixar passar, deixar prá lá. O Duo-

---

18. Dentro da MTC, o Estômago vai desde a boca até a primeira parte do intestino delgado, portanto, o duodeno. Em suma, o intestino delgado pertence ao movimento Fogo, mas aqui o quero dar esta visão mais abrangente não tão comum.

deno faz parte da cadeia de assimilação e está contido tanto no movimento Fogo como no da Terra, por sua capacidade de assimilação, material que irá se transformar em corpo, músculos – Terra. Este se enquadra talvez melhor neste último, apesar de sua característica principal estar associada a outro movimento, que é a produção do sangue, basicamente pertence ao Fogo, e a geração daquilo que nos forma, nos constrói como corpo material.

Músculo trapézio

Ombros podem também estar ligados a uma sobrecarga de trabalho ou de "carregar" pessoas "nas costas", assumir a responsabilidade dos outros e não estar satisfeito com isso, e/ou a estar impossibilitado de se declarar dessa forma. As mulheres orientais de pele "amarelada" são as que mais sofrem com este problema, pois ali se acumulam os problemas da própria natureza destas pessoas: Terra = músculo e baço e de toda feminilidade.

Por consequência, todos os demais músculos seguem o mesmo princípio. Assim, quaisquer que sejam, todos têm uma relação com o movimento da Terra e o Baço.

Bacia, cabeça do fêmur, toda a carne do corpo, por onde o sangue serpenteia, ou ainda as paredes das veias e artérias.

Cervical

Esta região está diretamente vinculada com o lado maternal, e todas as suas consequências. Os filhos, melhor ainda, as filhas, a geração, o amamentar, a procriação, a relação com a mãe, da paciente com ela mesma e com suas filhas sempre, se estiverem problemáticas, refletirão aqui. A falta de capacidade de se mudar de direção também, ou mesmo à falta de capacidade de poder escolher outro caminho ou modo de fazer, realizar projetos de vida etc. Não conseguir mudar de direção.

MADEIRA

Fígado

Raiva, problemas com trabalho, não conseguir realizar ou concretizar, finalizar o que se começou, impedimentos, problemas com o desenvolvimento, com o crescimento, falta de adaptação ou flexibilidade para tanto. Incapacidade de se soltar, de se libertar de processos, de busca por saídas, persistência, tremores.

Vesícula biliar

Agitação, inconformismo, falta de perspectiva ou de direção, falta de iniciativa, impedimentos, indecisão, envolver-se em muitas atividades, não conseguir ficar quieto, não parar de pensar, tontura, sensação de cabeça cheia, perturbação.

Tendões

Raiva do que faz, na maior parte das vezes ligadas ao trabalho, controle, rigidez, impossibilidade de mudar. A tendinite está ligada a problemas de trabalho, satisfação com o que se está fazendo, segurar e não conseguir soltar, ou abrir involuntariamente a "mão". Não esquecer que a falha na energia da madeira causa distúrbio na energia da Terra.

Joelho

Falta de flexibilidade, de se dobrar, problemas com a direção, não conseguir sentir o chão, de pisar o caminho que está seguindo, de entrar em contato com ele.

Cotovelos e articulações de uma forma geral, transmissão nervosa.

ÁGUA

Rim

Medo, aflição, cobranças, gosto pelo perigo, medo da morte, ou prazer em relação a este acontecimento/sentimento, TOC (Transtorno Obsessivo Compulsivo), controle sobre o imponderável, perfeccionismo, atração pelo sobrenatural, pelo desconhecido.

Bexiga

Medo, impedimento, mobilidade, problemas de comunicação.

Aparelho genital e urinário

Medo do outro, de suas relações amorosas, raiva do parceiro, sentir-se sujo em função da relação sexual, perversão, falta de autoafirmação.

Ossos

Problemas estruturais de constituição, em relação aos pais, falta de apoio, desintegração da pessoa, incapacidade de achar uma saída, revolta.

Ouvidos

A audição é regida pelos rins. Tímpano perfurado, não querer ouvir sobre algo, zumbidos, chiados, falta de audição, problemas com o pavilhão auricular. Dentes, medula.

METAL

Pulmão

Tristeza, melancolia, medo, dispersão, falta de alegria, controle, rigidez, frio, frieza, dureza, palavras duras, briga com o ambiente, incapacidade de realização, falta de capacidade de concentração, sentimentos profundos interferindo no dia a dia, problemas com a autoridade, sentimento de sufocamento.

Intestino grosso

Dificuldade para se livrar das coisas, pessoas, de sentimentos, de lembranças, pensamentos recorrentes sem solução, apego, problemas viscerais mais antigos, raivas inconscientes, sentir-se preso, querer reter algo que deve ir embora.

Pele

Alergias, raiva em relação ao ambiente, brigas no lugar, pessoas que nos inibem a expressão, não nos deixam dar vazão à criatividade e ao processo mental, erupções na pele.

Esclerótica

Raiva no que vê.

FOGO

Coração

Falta de alegria, de desejo de viver, falta de perspectiva, medo do futuro, problema em ligar-se às outras coisas e pessoas ou excesso de vontade de fazer isso, apegos demasiados, interferência em relação à vida dos outros, desejo de transformação ou falta de vontade de mudar, consumir o outro, desejo de transformação do outro para se adaptar ao seu próprio, não aceitação da liberdade, insegurança, ou excesso de segurança, loucura, pensamentos desconexos.

Intestino Delgado

Falta de capacidade de seguir adiante, pensamentos recorrentes, em *looping*, que vão e voltam, incapacidade de assimilação, processo mental sobrecarregado, pensar demais, apegos às próprias ideias, desejo de posse, incapacidade de dar prazer, para si e para os outros.

Veias e artérias, sangue

Problemas com a vida e sua manutenção, falta de esperança, tristeza.

A sequência dentro das massagens:

A sequência dentro da massagem é feita de maneira a poder estimular o corpo como um todo. Como já foi dito, o Tui Ná desbloqueia e faz com que a energia percorra o corpo livremente. Em casos onde se queira atuar com mais vigor em uma direção ou em casos emergenciais, eu ajo diretamente sobre os pés com mais intensidade a partir do primeiro momento e só depois completo com outras formas. Para quem está começando, recomendo a sequência inteira, pois a deficiência quanto ao direcionamento de sua intenção pode ser amenizada por esse procedimento.

Começamos a sessão com o paciente sentado e pela seguinte ordem: cabeça, pescoço, costas, braços, peito.

Depois com o paciente deitado, massageamos a barriga, pernas, lembrando que não se deve massagear a região da virilha e genital, e também nas proximidades do ânus, apesar de termos pontos de acupuntura nestes locais.

As manobras serão apresentadas a seguir. O que estou fazendo aqui somente serve de alerta ao procedimento como um todo.

Deve-se pedir para que o paciente se vire com as costas para cima, ombros, braços, centro das costas e pernas.

Normalmente, no Tui Ná, de duração aproximada de 50 a 60 minutos, 60% deste tempo[19] deverá ser dedicado a fazer massagem na região dos pés, pois lá é que encontramos os melhores pontos de atuação e é com esta atividade que iremos terminar a sessão.

Antes de seguirmos adiante, no entanto, quero alertar para alguns fatos.

Observação sobre a massagem
dentro de uma mesma família

Existe uma ordem para a aplicação da massagem dentro de uma mesma família e ela constitui, em uma sequência descendente, do avô ao pai e ao neto. O avô, portanto, fará massagem no seu filho, neste caso o pai, e este em seu filho, neto daquele primeiro. No final da linha, o neto devolverá a massagem para o seu avô, fechando assim o ciclo dentro de uma mesma família. Isto permite uma boa interação entre os familiares e também assegura que o mais Yang de todos fará a massagem no menos Yang, o avô. É claro que isso se aplica a homens e mulheres – a avó faz massagem no filho que faz massagem na neta, ou outra combinação qualquer.

O homem sempre será mais bem tratado por uma mulher e vice-versa, isto devido ao tipo de energia, Yin-Yang.

Ordem de importância entre os membros

Existe uma ordem de importância para a atuação dentro da massagem para aqueles tratamentos localizados. Isso quer dizer que, para se tratar melhor uma parte de nosso corpo, devemos

---

19. Ou seja, 36 minutos.

procurar seu complementar. Assim:

- O braço direito está relacionado com a perna esquerda e vice-versa;
- O braço esquerdo com a perna direita, e vice-versa;
- O peito será mais bem tratado pelas costas, e vice-versa;
- O de cima pelo de baixo, e vice-versa.

Esta é a ordem mais importante a ser seguida, e é uma ordem direta, é como se estivéssemos fazendo a massagem no próprio lugar afetado. A relação cruzada é a mais indicada em todos os sentidos, não só por serem os nervos cruzados, mas pela própria lógica chinesa onde este pensamento é recorrente. Devemos também ficar alertas para os pontos nos meridianos que nascem de um lado e percorrem o lado oposto ou mesmo terminam neste.

Apresento a seguir uma ordem menos eficaz, mas que apresenta resultados também:

- O braço direito será tratado pela perna direita e vice-versa;
- O braço esquerdo será tratado pela perna esquerda e vice-versa.

Uma última escolha, de menor relevância, existe, em que:

- O braço direito é tratado pelo braço esquerdo e vice-versa;
- A perna direita é tratada pela perna esquerda e vice-versa.

Outro importante entendimento é se tratar pelo ponto mais distante possível daquele afetado, implícito dentro da regra anterior, mas que desta forma fica mais evidente e explícito. A dor de cabeça é melhor tratada utilizando-se manobras no hálux, o dedão do pé.

As Manobras do Tui Ná

As principais manobras do Tui Ná são em número de 28. Elas podem ser misturadas entre si, o que pode gerar um número ainda maior de variações, como, por exemplo, todo Mo, massagem circular implica em um Nam, pressionar depositando peso. Podem ser treinadas em um travesseiro de casca de "Soba" ou em algum que seja um pouco duro, mas não tanto. Também indico aos meus alunos dobrar tampinhas de garrafa de refrigerante, que são um pouco mais moles do que as de cerveja, para treinar o foco da atenção nas pontas dos dedos, a Energia para a massagem deve ser treinada com os Treinos de Energia.

Até aprenderem a induzir a energia até as extremidades é muito comum observar nos terapeutas principiantes o enrijecer localizado nos ombros, cotovelos, pulsos, o que impede que o fluxo do Chi chegue até a ponta dos dedos. Ele fica cansado à toa, a massagem não rende e o paciente fica dolorido pela força física que o principiante fez.

Para se aplicar as manobras, é preciso conhecer os pontos de energia, aqueles localizados nos pés e pelo corpo todo, avaliar qual será a mais indicada para o problema e também o tipo de toque, leve ou pesado, e se se deve tonificar ou sedar, dispersar ou unir. Para isso é necessário o conhecimento do Diagnóstico Energético dos Pulsos.

Atuação básica

Explicando-se de uma forma simples em regiões frias, ajuda--se a esquentá-las ou a eliminar a friagem. Para isso, pode-se utilizar dos pontos na base do crânio; primeiro, utiliza-se uma forma mais leve, depois se aplica mais força, vai se aumentando a pressão para estimular o local, e assim não se demora a suar. Para retirar o calor, a pressão deve ser mais leve.

Para dispersar, aumenta-se a pressão e a velocidade, enquanto para a união se exerce uma pressão mais leve, além da manobra específica para isso.

Quando um "órgão" está muito quente, usa-se a firmeza com suavidade dentro, o que só se consegue com o treino e alguém para ensinar!

Para a sedação, utiliza-se a massagem em movimentos centrífugos, para fora com sentido de dispersão e com a pressão mais forte. Na tonificação, o movimento será o centrípeto, voltado para dentro com sentido de reunião e os movimentos serão mais leves.

Não gosto nada de "receitinhas de bolo", mas entendam o raciocínio lógico que apresento a seguir. Antes, uma ressalva: lembre-se de que a teoria do meio dia, meia noite sempre é válida.

O melhor horário para a sedação do fígado é quando a energia flui para a vesícula biliar, das 23 à 1h; e o melhor horário para tonifica-lo é o das 5 às 7h.

Por outro lado, para tonificar o coração, naturalmente é melhor que se faça no horário da 1 às 3h, que é quando a energia flui para o fígado.

Para tonificar os rins, utiliza-se o horário das 19 às 21h, quando a energia flui ao pericárdio.

A regra de Marido-Mulher também deve ser lembrada e utilizada, assim o Metal é casado com o Fogo; a Terra com a Madeira e o Fogo Ministerial com a Água. O que falta ou sobra em um pode e deve ser direcionado para o outro.

Além, é claro, das Regras de Controle e Geração!

As Manobras

De uma forma geral, elas podem ser diferenciadas em pequenos grupos, a saber:

1- As massagens em direções diversas (Nam, Mo, Rou, Nou, Tuei, Fuo, Fu, Kun, Tsá, Niim e Ia);

2- O agarrar (Nie, Iaô, Na, Lum, Uô, Tuô, Tsuá e Lá);

3- O bater (P'ái, Kuô, e Tsuei);

4- O eliminar (Kuá, Dji e Diou);

5- O girar (Tsou);

6- O pontuar (Dien) e,

7- O vibrar (Djan).

São apresentadas, a seguir, em blocos de 7, como fui ensinado a recitar em chinês.

Nam, Mo, Rou, Nie, Iaô, Tuei, Na;

Nou, Lum, Dien, Djan, Fuo, Fu, Ia;

P'ái, Kuô, Tsou, Tsuei, Kun, Diou, Lá;

Tsá, Kuô, Niim, Dji, Kuá, Tuô, Tsuá.

E agora, uma a uma, será descrito como se deve atuar em cada uma delas:

NAM – Pressionar depositando peso

No pressionar depositando peso (Figura 9), deve-se manter a mão durante um tempo na pessoa. Esta manobra é considerada Yang.

A pressão pode ser feita tanto pela mão como um todo como pelo polegar, os quatro dedos juntos ou mesmo com a base da palma da mão. O pressionar também pode ser feito com o cotovelo, o joelho ou articulações. Dessa forma, a força empregada é maior e pode causar desconforto no paciente, deve-se moderar a pressão para que não haja lesão ou para que se tenha o efeito contrário ao desejado. É o caso das massagens na axila e no meridiano do fígado. Sobre as linhas médias, aquelas posicionadas no meio do corpo, tanto na frente, lateral ou costas, não se pode por muita força, pois esta linha é sabidamente mortal.

Nos meridianos do Coração e Rins deve-se limitar também a força; no primeiro, está localizado a Morada Original das Almas Vegetativas, Ben Shen, e que na hora de nossa partida reunirá todas aquelas energias para deixarem nosso corpo. Este entendimento é muito importante para o conhecimento da constituição do corpo e, em relação ao segundo, é onde a Energia Jing, ou Essencial, está, lembrando que a vesícula biliar é onde ela se armazena. A Energia Essencial é a responsável pela edificação, o amálgama de todas as outras energias do corpo, como também está associado à reprodução, respectivamente.

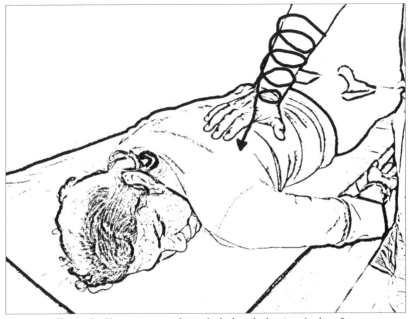

Figura 9 – Nam, – a energia espiralada saindo através da mão.

Para se aplicar melhor a Energia no paciente, ela deve ser direcionada "através" dele. Portanto, a Energia deve deixar nosso corpo em direção ao interior do corpo, mas no começo devemos ultrapassar os limites deste, é só lembrar que queremos mover algo que está impedindo o livre fluir da energia e esta deve ser empurrada, deve-se fazê-la mover, permitindo a circulação normal.

A Energia corre pelo corpo de forma espiralada (Figura 6) e seu sentido deve ser o de ir ao paciente. Neste exemplo de pressionar depositando peso, podemos tanto conduzir a energia simplesmente ao paciente como também empurrá-la. No primeiro caso, estamos "alimentando" o paciente com energia; no segundo, estamos fazendo mover pela nossa vontade, ou "intenção", o Chi do outro. Os terapeutas mais treinados podem polarizar ou despolarizar a energia da outra pessoa, de acordo com a sua vontade ou em níveis menores somente polariza-la de acordo com a sua. Por isso, quem deseja atuar com as formas de tratamento a partir da MTC deve estudar como mover, aumentar, polarizar e despolarizar a sua própria energia, para que se tenha um melhor resultado na massagem, acupuntura etc.

MO – Alisar as fibras

Alisar como se estivesse seguindo as fibras (+) Yin, ela é mais superficial. Expressa uma região, não um ponto. Um NAM implica um MO.

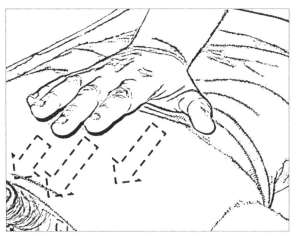

Figura 10 – Mo nas paravertebrais.

ROU – Massagem circular

A massagem circular é muito utilizada para se fazer circular a energia. Lembre-se de que ela se move em espirais pelo corpo; dessa forma, podemos reforçar seu movimento natural, os movimentos são sempre em movimentos circulares de pequenos a grandes.

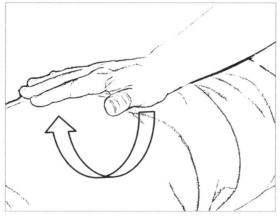

Figura 11 – Rou, massagem circular.

NIE – Pinçar

O Pinçar é muito utilizado para tendões, mas sua abrangência é extensa. Por isso, a necessidade de se treinar as mãos e também as pontas dos dedos.

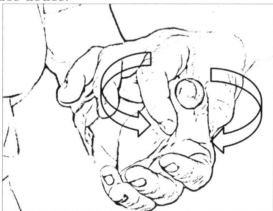

Figura 12 – Nie, movimentos antagônicos, pinçar.

No Tui Ná, estamos sempre pinçando algo. Isso favorece a utilização do polegar da mão, dedo com maior potência. Na Figura 12 estou pinçando o IG04, este ponto, quando liberado, promove uma série de benefícios, é o ponto de transferência da dor de cabeça, trata com eficácia olhos, nariz, seios nasais, ouvidos, garganta, problemas menstruais etc. Sempre indico que se faça a massagem direcionando a intenção, arrastando o bloqueio para a extremidade ou a ponta dos dedos.

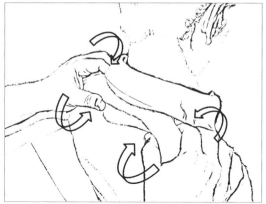

Figura 13 – Detalhe de pinçar nos ombros.

IAO – Girar articulações

Ao girar as articulações, os movimentos antagônicos fazem o desbloqueio da energia acumulada nestas regiões, liberando e fazendo a energia fluir normalmente.

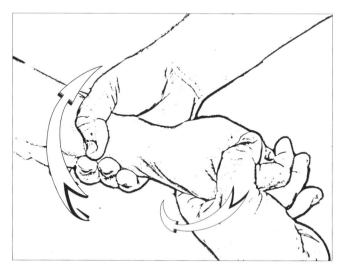

Figura 14 – Iao, girando as articulações, sentidos opostos alternadamente.

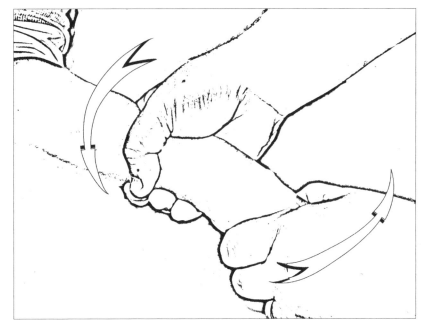

Figura 15 – Iao, torcendo a articulação do punho.

As torções podem ocorrem em todas as dobras do corpo: dedos, punhos, cotovelos, joelhos, bacia, pescoço, tronco, da menor à maior articulação. Devemos lembrar que, no caso do pescoço, isso deve ser feito com parcimônia para não lesar a coluna em seu ponto mais vulnerável.

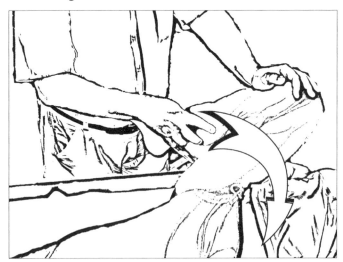

Figura 16 – Iao, direcionando o joelho em direção ao peito antes de rotacionar para o lado oposto da perna.

Esta manobra, associada a esta região, pode proporcionar alívio nas dores localizadas na bacia e pode envolver até mesmo a articulação do joelho.

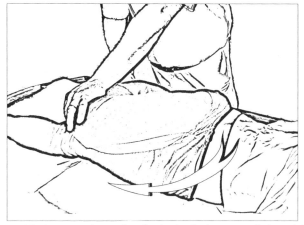

Figura 17 – Iao, rotacionando a bacia da direita para a linha média.

TUEI – Empurrar e pressionar

O Tuei abrange grandes áreas. Na forma sentada, é utilizada de baixo para cima. Deitado de cima para baixo, usar mais a base da mão e o polegar aberto, a manobra vai até a região do cotovelo.

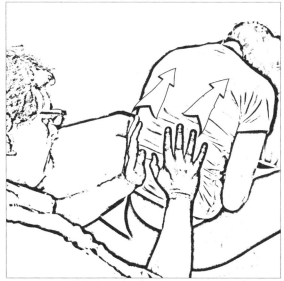

Figura 18 – Tuei (1) da região lombar para o meio das costas.

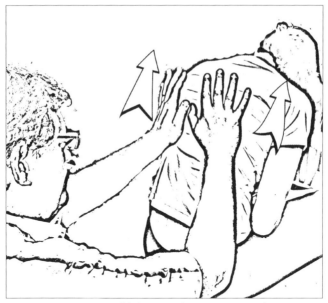
Figura 19 – Tuei (2) do meio das costas aos ombros.

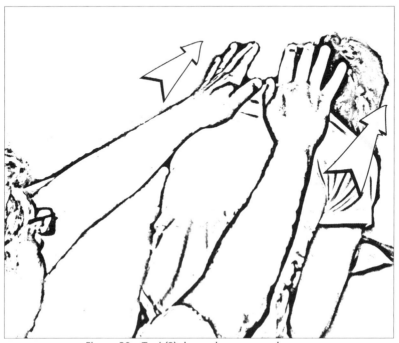
Figura 20 – Tuei (3) dos ombros para os braços.

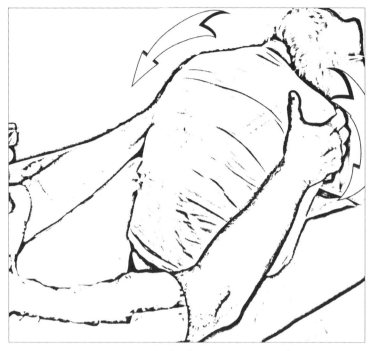

Figura 21 – Tuei (4) dos braços até os cotovelos

Figura 22 – Tuei (5) até os cotovelos.

NÁ – Pegar e Esticar

Pegar as articulações e esticar, como se fosse um grampo grande, usar bastante força nos membros, nuca e pescoço. Depois de um Ná, é sempre bom fazer um ROU.

Figura 23 – Ná, utilizando a força estacionária do corpo para tracionar o pescoço.

Na Figura 24, utilizo, além do Ná, para esticar as articulações, a manobra Nie, pinçar. Ambas realizam o esticar do pescoço sem que as vértebras sofram com torções desnecessárias e força além do que podemos suportar. Relaxa o pescoço, redireciona vértebras fora do lugar e alivia a tensão. Nunca se deve fazer isoladamente, é sempre melhor aquecer o lugar antes para a completa movimentação. Pode-se aliar a esta manobra o Iao, girar articulações para completar o movimento.

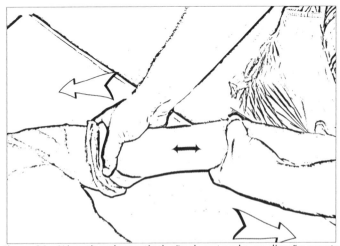

Figura 24 – Ná, esticando a articulação do cotovelo, na direção oposta.

Esta manobra proporciona um grande alívio às pressões ocorridas nas articulações. Deve-se sempre se lembrar das limitações do paciente, pois uma manobra malfeita pode causar uma lesão também. "Ouça" as necessidades do corpo da pessoa, busque nunca chegar ao limite, existe um ponto antes que deve ser percebido para que esta pessoa não reaja em demasia. Sinta se a pessoa está em relaxamento, induza o paciente a entrar neste estado de aceitação do tratamento e, principalmente, de sua energia, e que ela irá agir para desbloquear a área a ser tratada. Atua tanto em pequenas quanto nas grandes articulações do corpo como o joelho, por exemplo.

NOU – Deslocar pressionando e parando

O Nou, pressionar e conduzir, parando de tempos em tempos, é feito com a faca da mão, principalmente.

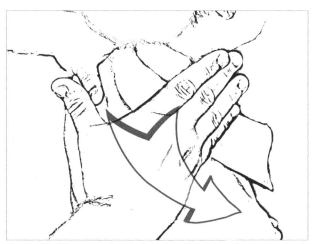

Figura 25 – Nou, pressionando com a faca da mão e arrastando.

O deslocar pressionando exige duas forças a serem utilizadas em conjunto, uma pressão em direção ao paciente diretamente e outra na direção do deslocamento. Na Figura 25, mostramos uma forma de tirar a tensão da região dos ombros, ela deve ser feita neste sentido com grande alívio da tensão, pode-se arrastar a mão até a lateral do braço.

LUM - Reunir e sustentar

Para a manobra Lum, deve-se juntar as duas mãos, direcionando o que se está disperso e reunindo ali a energia, que pode ser tanto boa e, por estar dissipada está fraca, ou, ao contrário pode ser perversa, e se faz esta manobra com o intuito de juntá-la para ser retirada. Depois do Lum, fazer a manobra Rou.

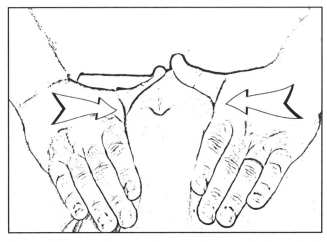

Figura 26 – Lum, reunir sustentando, acumular a energia em um local para depois dispersá-la.

Esta manobra serve para se acumular a energia e depois se pode extraí-la ou dispersá-la através do Rou ou mesmo Diou, para agarrar e arrancar. Veja mais adiante na Figura 41.

DIEN – Pontuar

No Dien, espetar com os dedos, o nível da força vai depender do problema.

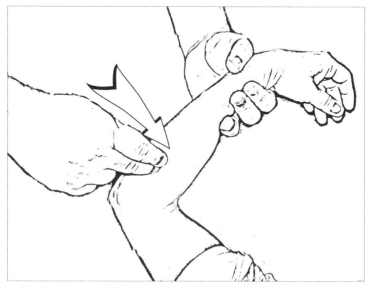

Figura 27 – Dien, manobra Bico de Pato no pontuar.

O Pontuar é uma forma de tonificação, de ativação e também pode ser utilizado para dissipar uma pequena concentração existente. Na tonificação, utilizam-se golpes sucessivos. Veja o detalhe do Bico de Pato (Figura 27) e Ganso, ou a utilização de dois ou três dedos, dedo indicador e médio para o Bico de Pato, e polegar, indicador e médio para o Bico de Ganso.

DJAN – Vibrar

O vibrar serve para a paralisia e mobilidade, ajuda no fluxo da energia. Deve-se alternar o Djan com o Nam. O vibrar serve para dispersar uma energia estagnada. Se você, terapeuta, for um praticante de Qi Gong, ou Chi Kung, Trabalho da Energia, a vibração provocada pelos treinos já serão suficientes, é só ativá-lo.

Caso contrário, você terá que se servir de pequenas vibrações feitas pelas mãos, voluntariamente, e é claro que neste caso o efeito será bem menor.

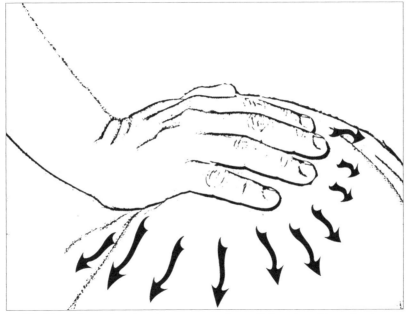

Figura 28 – Djan, vibrar ativando a área, removendo ou dissipando os bloqueios da energia.

FUÔ – Alisar suavemente

Alisar jogando para fora num sentido. Se os problemas são mais leves, deve-se usar menos força. É bastante utilizado para idosos.

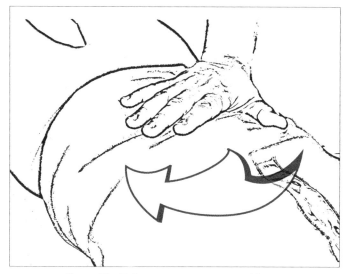

Figura 29 – Fuô, massagem suave para idosos.

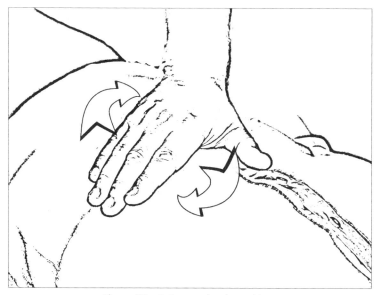

Figura 30 – Fuô ao redor do umbigo.

FÚ – Acariciar

O acariciar serve para deixar alegre, confortar, é um movimento mais leve que o Fuô, alisar. A mão pode ficar parada, emanando energia para o paciente, e ele pode ser feito na axila.

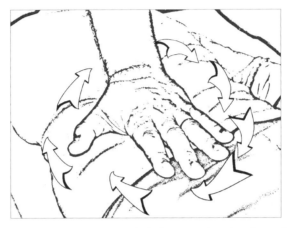

Figura 31 – Fú, acariciar, a energia espiralada emanada pela mão no "acariciar".

O Acariciar tem o sentido de confortar, não existe troca de sentimentos, mas sim de energia, do terapeuta para o paciente. Buscamos mais passar a Energia para o paciente do que qualquer outra coisa. O desbloqueio é leve, o pressionar também, as estruturas energéticas do paciente não suportam muita pressão nem mesmo muita energia. Tome cuidado com isso: se você for uma pessoa jovem e o seu Yang estiver muito forte, a pessoa fragilizada pode sofrer com esta pequena diferença de potencial.

IÁ – Depositar

O "depositar o peso" está dentro das manobras dentro do tonifica – Fú, onde existe uma emanação da energia para o paciente. Primeiro esquenta, depois força o Chi para dentro. Há uma pressão, mas sem força, como se estivesse amparando a pessoa.

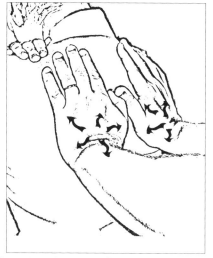

Figura 32 – Iá, aquecendo e transmitindo o Chi.

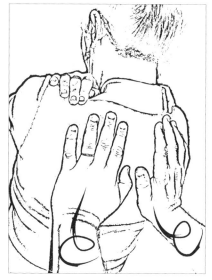

Figura 33 – Iá, no momento após o aquecimento, existe a transferência da Energia.

O ponto a ser tratado fica logo abaixo da omoplata no exemplo é chamado de Kal Ruan (Figura 33). Este tipo de tratamento pode ser feito em pacientes que tenham bronquite, por exemplo, ou simplesmente tosse, frio, na região interna.

Mais uma vez, lembro que o bom terapeuta é aquele que treina a energia, os Taoístas. Como emanar a energia se não se consegue fazer a geração e o direcionamento do Chi?

P'ÁI – Palmadas

No P'ái, dar palmadas, a mão deve ser mantida em concha. No braço, deve-se aplicar força de leve para média; nas costas, de leve; para problemas de pressão alta usar por todo o corpo, não bater sobre os rins, pois pode dissipar a energia deles, cuidado! Sobre as costelas, pode-se machucar também, por isso alisar e/ou empurrar é a melhor solução. No meridiano da bexiga, a utilização deve ser mais leve. Nas nádegas, pode-se aplicar mais força.

Trata os bloqueios nos vasos terminais de nossos corpos, tratando assim a pressão alta e a baixa. O sentido para a primeira é o deslocamento com maior intenção na direção dos pés, enquanto para a baixa o sentido é de fazer o fluxo da energia ir em direção à cabeça. Começam nas costas, área dos rins, ombros, braços pernas e pés. Primeiro na esquerda, depois na direita, primeiro nas costas depois na frente, de cima para baixo, da raiz (Tân Tien) para extremidades de leve para forte. É recomendada tanto para jovens quanto para os idosos. As batidas ativam e servem para retirar o cansaço do corpo.

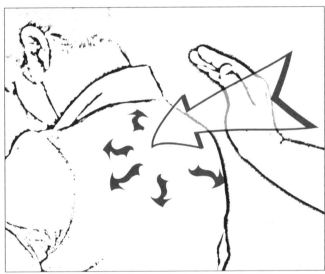

Figura 34 – P'ái, palmadas dentro da ativação.

Concentra-se a energia no centro da palma da mão antes de despejá-la no paciente.

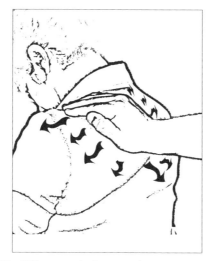

Figura 35 – P'ái, a energia é emanada no toque ao paciente.

Não se deve usar no baixo ventre, virilha, útero e ovário, é recomendada apenas para "pontos" maiores.

KOU – Bater com a ponta dos dedos

No "bater" com as pontas dos dedos, a palma deve estar "vazia", relaxada, toda a atenção deve ser voltada para as extremidades dos dedos. Não se usa de força. A intenção é vitalizar a energia do local e do paciente também. Os golpes são sucessivos, ritmados e as palmas das mãos, mantidas vazias concentram a energia para a transmissão.

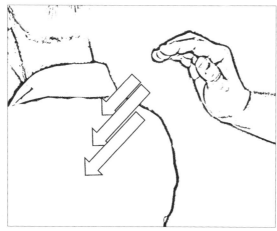

Figura 36 – Kou, ao bater com as pontas dos dedos da mão, há a ativação e emanação do Chi.

A emanação da Energia acontece durante o contato através das pontas dos dedos. Toda a massagem é regida não pela força, mas pela emanação da energia. Por isso indico que se aprenda práticas que aumentem o Chi pessoal como o treino das mãos do médico já mencionado!

TSOU – Girar as mãos

O "girar as mãos" é feito em sentidos opostos, como se estivesse torcendo roupa molhada. É algo incômodo, mas ajuda a liberar a energia represada na camada mais externa do corpo.

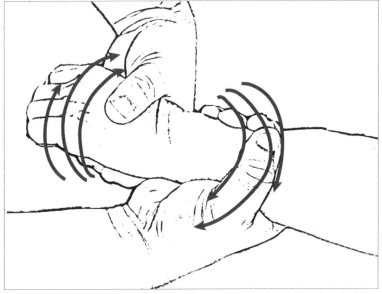

Figura 37 – Tsou, movimento de torcer.

O "torcer" não se aplica somente às dobras do corpo, ele se estende aos locais entre as articulações, nos braços e nas pernas também.

Os Meridianos Tendino Musculares fazem a camada externa do sistema de energia e estão ligados à troca com o meio ambiente. Este tipo de manobra ajuda a desbloquear o fluxo tanto de entrada da Energia Universal quanto de saída da energia corporal; ativa a circulação local e também permite que uma nova quantidade de energia possa ser inserida no corpo em direção aos meridianos mais profundos pelos meridianos capilares.

TSUEI – Bater com o punho

O "bater com o punho fechado" (oco) é mais utilizado para os ombros e pernas, pois são áreas grandes e com musculatura suficiente para aguentar a pressão.

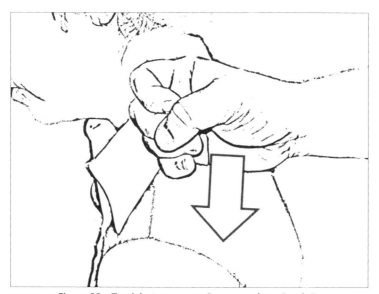

Figura 38 – Tsuei, bater com a mão em punho e "vazia".

O soco deve ser vazio, com o punho e braço relaxado, mas com intenção, como o utilizado nas artes marciais internas. A energia será transmitida para o local desejado e adjacências quando o golpe for desferido. Existe um acúmulo de energia dentro do vazio da mão e com o contato a energia é emanada para o paciente.

O sentido aqui é o de dispersar, distender ou mesmo relaxar

a área em questão. Na Figura 38, estou aliviando a tensão do ombro.

A energia que chega às mãos nasce dos pés, atravessa meu corpo e depois é emanada ao paciente. É um impulso a partir de baixo, um fluir da energia para cima e em direção à pessoa que está sendo tratada. Portanto, nosso corpo está relaxado, as pernas flexionadas, o impulso verdadeiro vem da Terra.

Quanto mais eu estiver relaxado, menor será meu esforço e mais a pessoa receberá energia. As "Práticas para as Dobras" [20] auxiliam muito a soltar o corpo.

KUN – Massagem em ondas

O Kun é feito com movimentos circu-de dedos, palmas das mãos ou mesmo com a faca da mão, lateral externa da mão que vai do dedo mínimo até a linha do punho.

Figura 39 – Kun, movimentos em ondas e arranhar com as pontas dos dedos.

A manobra Kun ativa uma região e pode dissipar a energia para que ela invada o paciente.

---

20. Estou me referindo aos *"Antigos Exercícios para as Dobras"* ensinados pelos praticantes de Tai Chi Chuan Estilo Pai Lin.

DIOU – Agarrar

A massagem "agarrando" tem o sentido de sedar e também de trazer, puxar algo para fora.

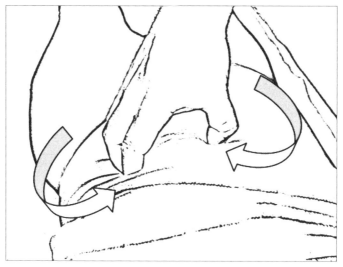

Figura 40 – Diou, agarrar e puxar para fora, primeiro em Nie.

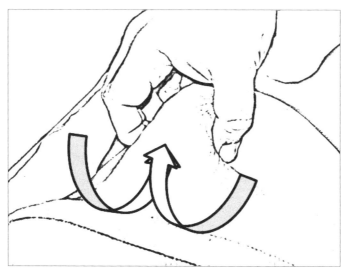

Figura 41 – Diou, depois de agarrar, segurar e retirar puxando para fora.

Depois de se localizar algo, por exemplo, um acúmulo interno desvirtuado, este é puxado para fora para que aflore e seja eliminado.

LÁ – Esticar

O "esticar" é feito sem o uso da força. Primeiramente, deve-se esquentar o local a ser tratado e depois tracionar a região. Na Figura 42, é usado para tratar a artrite nos dedos das mãos.

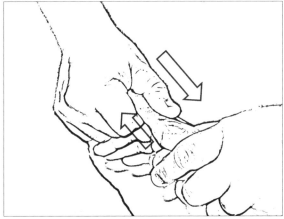

Figura 42 – Lá, esticar, mas primeiro aquecer esfregando.

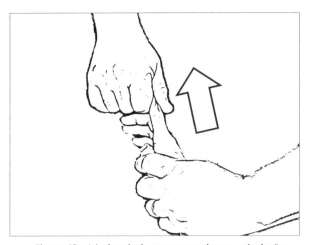

Figura 43 – Lá, depois de aquecer, esticar a articulação.

As manobras vão se juntando para um melhor resultado. Assim, o Nie, pinça, é utilizado para aquecer o local e depois tracionando com o Lá, ou esticando para liberar o local ainda podemos acrescentar o Iao, girar a articulação, tudo de forma natural.

TSÁ – Alisamento

O Tsá é uma forma mais forte do Mo. Aplica-se quando precisamos atuar para que o sangue e a energia que estejam paradas no corpo sejam dissipadas, movidas ou mesmo eliminadas. Não pode haver ferimento no local. Trata a insensibilidade da região, faz o aquecimento e libera os bloqueios.

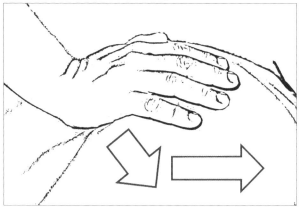

Figura 44 – Tsá, empurrar com força, para a liberação da energia estagnada.

UO – Cumprimentar

Agarra-se a área a ser tratada como se fosse cumprimentar a pessoa. Ao segurar e soltar, há um amassamento da região. Serve para adormecimento na região lombar, por exemplo, este comprimir e soltar ativa o lugar e acalma a dor também. Usar as duas mãos. Na figura, apresento a sequência desde o cotovelo até o pulso ver (Figura 45 a Figura 47).

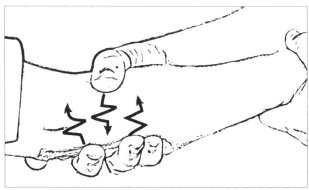

Figura 45 – Uo, agarrar e soltar (1).

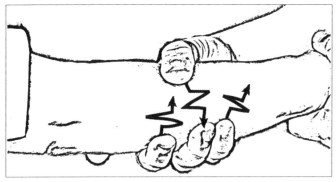

Figura 46 – Uo, agarrando e soltando (2).

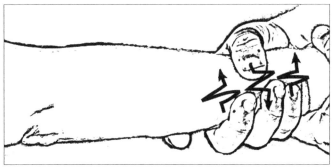

Figura 47 – Uo, agarrando do cotovelo até o pulso (3).

NIIM – Polegar sobre os olhos

Esta manobra requer cuidados, mas serve para auxiliar nos problemas ligados a esta parte do corpo. Nunca se deve pressionar, os olhos, pois pode lesá-los! Pode-se usar para ativar os pontos de B01, Jing Ming, Fulgor dos Olhos (Figura 48).

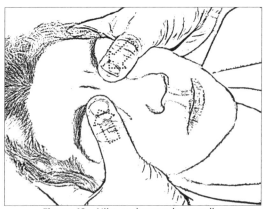

Figura 48 – Niim, polegar sobre os olhos.

DJI – Reunir sedando

É uma forma de sedar. É como se estivéssemos espremendo algo com o intuito de reunir. Na Figura 49, os dedos pressionam contra uma área entre eles com a intenção de puxar para fora. Esta era uma manobra utilizada para retirar veneno de cobra, por exemplo, e para tratamento da mastite. Tenho severas restrições quanto à utilização desta manobra. Apesar disso, menciono aqui o procedimento para que a sequência não seja perdida, suas aplicações originais e também para que se adapte a outras melhores aplicações, pois pode ser utilizada para extração simples de venenos menos agressivos de insetos. Não serve para displasia. Espremer para sair, reunir para extrair.

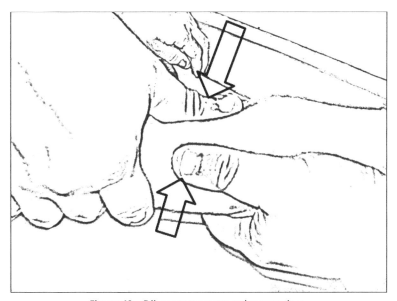

Figura 49 – Dji, espremer para sedar ou retirar.

KUÁ – Eliminar impurezas

Para a eliminação de impurezas do corpo, pode-se usar esta manobra até como substituta das ventosas para o público ocidental, avesso a determinadas formas de tratamentos chineses, por considerá-las muito agressivas. Para tanto, pode-se apenas riscar com uma moeda, faca, aliança ou o Gua Shá[21]. Já utilizei estas formas apenas riscando, com uma moeda, conforme segue, e tive o mesmo afloramento de energias internas. Os riscos devem ficar paralelos sem que lesões cutâneas de maiores proporções se apresentem e a técnica cause menos trauma ao paciente.

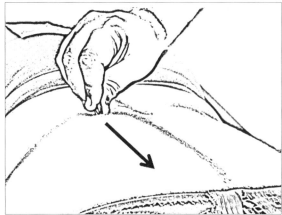

Figura 50 – Kuá, riscando com uma aliança.

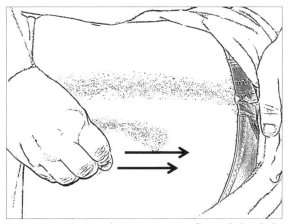

Figura 51 – Kuá, visão de cima com uma aliança de borda lisa.

---

21. A utilização desse instrumento feito de uma pedra de jade causou indignação ao Mestre, que alegava que as pessoas não deveriam pagar as enormes quantias de dinheiro que se exigia por um destes na época e aconselhava a utilização de instrumentos que estivessem ao nosso alcance, como uma moeda com borda lisa, um anel ou mesmo uma faca. O ato de raspar causa a lesão da pele do paciente e o ocidental é muito sensível a certas práticas orientais por isso indico riscar sem causar grandes traumas a eles.

Risco várias vezes fazendo linhas paralelas nas costas do paciente. Se houver impurezas, elas irão aflorar na pele e serão eliminadas. É uma boa alternativa para a ventosa que ainda continua sendo pouco conhecida e também apresenta resistência do público ocidental. Se houver impurezas a serem eliminadas, os riscos ficarão inchados e a cor da pele também irá se alterar. Não é apenas um tratamento da pele, é muito mais profundo que isso.

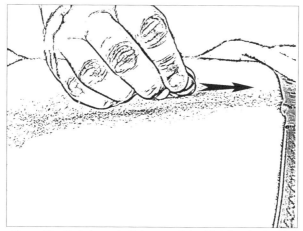

Figura 52 – Kuá, fazendo linhas paralelas (detalhe do riscar).

TUO – Suspender

A manobra serve para manter a pessoa suspensa pela região do abdômen. Deita-se o paciente de bruços e coloca-se um travesseiro embaixo da barriga para se manter esta posição. Se quiser fazer baixar a pressão é preciso massagear para baixo (pés). Se quiser fazer subir a pressão arterial, deve-se fazer a massagem para cima, no sentido da cabeça.

Na Figura 53, mostro onde se deve colocar o travesseiro ou apoio para que se eleve a pessoa para as manobras de empurrar mencionadas. Utilizo esta manobra também para aliviar a tensão na região lombar e corrigir desvios da coluna. Para tanto, não se deve utilizar força, o Tân Tien do terapeuta é que deve ser ativado.

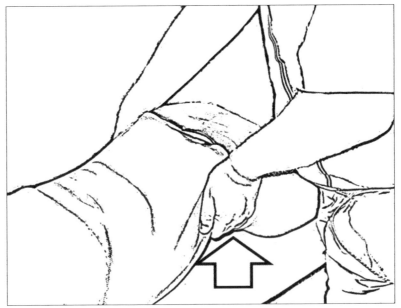

Figura 53 – Tuo, suspender ao centro.

TSUÁ – Agarrar

O Tsuá é uma forma leve do agarrar Diou. Com a mesma intenção de extrair, é feita utilizando-se os cinco dedos.

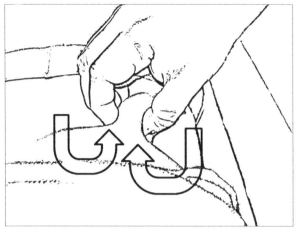

Figura 54 – Tsuá, agarrando leve com os cinco dedos.

Durante a apresentação dos Meridianos e dos diversos pontos possíveis para o tratamento através do Tui Ná, indicarei também as manobras a serem utilizadas em associação.

A sequência genérica dentro das massagens:

Sentado, deve-se começar pela cabeça, pescoço, costas, braços, peito.

De costas para cima, ou em decúbito ventral, da parte de baixo do corpo para cima.

Deitado olhando para cima, ou em decúbito dorsal, e de cima para baixo. Não se deve massagear a região da virilha, genital, e também nas proximidades do ânus, apesar de termos pontos de acupuntura nestes locais.

Lembrete: a sessão de Tui Ná tem duração que vai de 50 a 60 minutos e 60% deste tempo será focado na massagem dos pés. Os pontos nas mãos correspondem em até 30%, enquanto o tratamento nos pés poderá chegar a 100%.

Sequência pormenorizada do Tui Ná

Com o paciente sentado

1- Massagear o topo da cabeça com a palma da mão (Lao Gum, CS08), a massagem começa com a mão direita sobre o ponto VG20 do paciente. Em sentido horário, pode-se começar fazendo 18 voltas, depois se inverte o sentido e deve-se dar mais 15 voltas. Ao acabar, fazer 12 voltas no sentido horário, reduza a quantidade de voltas e alterne o sentido até terminar no sentido horário;

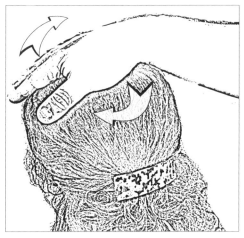

Figura 55 – Lao Hun, CS08 sobre o VG20, Pae Huei.

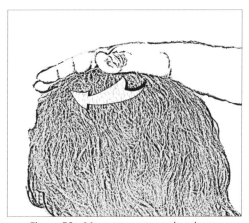

Figura 56 – Massagear o topo da cabeça.

Figura 57 – Despertar o Centro das Cem Reuniões.

2- Bater levemente na cabeça com as pontas dos dedos para a ativação da energia Yang nesta região;

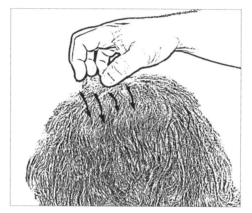

Figura 58 – Bater levemente com as pontas dos dedos.

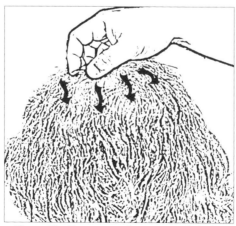

Figura 59 – Bater em todo o couro cabeludo.

3- Segurar os cabelos entre os dedos das mãos e puxá-los vigorosamente, fazendo círculos. Percorrer todo o couro cabeludo. A cabeça é a parte mais Yang de todo o corpo, isso ativa esta energia. Serve para aumentar a quantidade de cabelos e engrossá-los também;

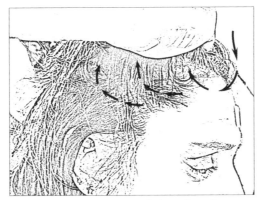

Figura 60 – Agarrar os cabelos pelas raízes.

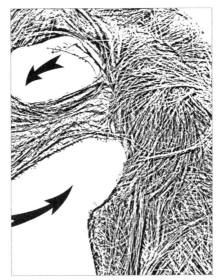

Figura 61 – Agarrar e fazer movimentos circulares.

4- Bater o Tambor do Céu, segurando a cabeça do paciente entre as mãos, prendendo as orelhas dobradas fechando-as simultaneamente. O paciente neste momento não deve ouvir os sons externos, deve prestar atenção nas batidas ritmadas que serão efetuadas na região posterior de sua cabeça.

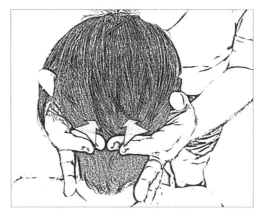

Figura 62 – Bater o Tambor do Céu.

Os dedos indicadores devem ser apoiados sobre os dedos médios (Figura 62) e, com aqueles, deve-se bater na base do crânio 36 vezes. A manobra serve para regular a Hipófise (Ru Pu), responsável por todas as outras glândulas abaixo dela. Serve para estimular a lactação, a produção de óvulos e também a dilatação para a hora do parto. Dessa forma, se for feito o Tui Ná em mulheres que estejam em final de gestação, deve-se ater a estes fatos, pois tal manobra pode colaborar antecipando o parto.

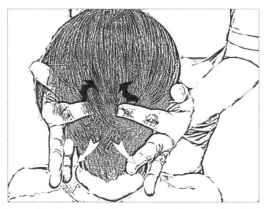

Figura 63 – Bater o Tambor do Céu, ativando a Hipófise.

5- Bater o Tambor do Céu sobre o pavilhão auricular. Nesta manobra, devemos continuar a segurar a cabeça do paciente entre as mãos. Ele deve permanecer sentado e o terapeuta, posicionado logo às suas costas. O dedo médio irá puxar o pavilhão, dobrando-o para frente sobre o duto auditivo. Deve sobrar uma área descoberta da parte de trás das orelhas, onde iremos bater com o indicador.

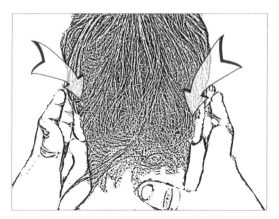

Figura 64 – Puxando as orelhas para a frente para o bater

O mesmo mecanismo da manobra anterior será aplicado: prender com o dedo médio e bater com o dedo indicador para provocar um estalido dentro do ouvido do paciente, como o barulho de uma "caixa", tambor de som mais agudo.

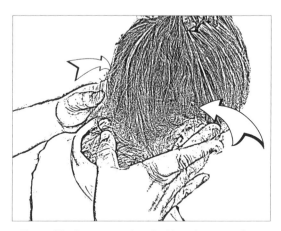

Figura 65 – Bater o Tambor do Céu sobre as orelhas.

Serve para ativar as suprarrenais e a energia dos Rins de uma forma geral. Deve-se realizá-la 36 vezes.

6- Segurar as orelhas entre os dedos indicador e médio como se fosse uma tesoura a prendê-las. O pavilhão auricular será tracionado de cima para baixo, escorregando os dedos por eles. Quando acabar de tracionar chegando à parte de baixo, soltamos e depois retomamos o movimento em cima e puxamos novamente para baixo por nove vezes.

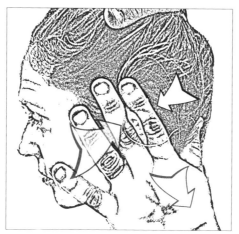

Figura 66 – Tracionar o pavilhão auricular para baixo.

Serve para aumentar a eliminação de líquidos do corpo, pois ativa a energia dos rins e seus mecanismos de filtragem.

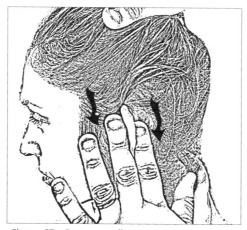

Figura 67 – Puxar a orelha para estimular os rins.

7- Pressionar a região para trás do ouvido. Pode-se tanto esfregá-la quanto pontuá-la. Deve-se realizá-la nove vezes, os pontos a serem estimulados são ligados ao coração, pulmão e estômago;

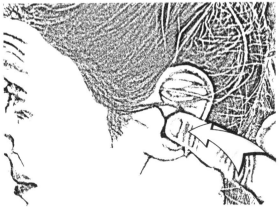

Figura 68 – Massagem ou pontuar na concha inferior.

8- Posicionando-se atrás do paciente. Devemos, com os polegares, friccionar a raiz dos cabelos na região acima da nuca. Deve-se estender tal procedimento até a região dos ombros, aliviando as tensões que se acumulam nesta região;

Figura 69 – Massagear abaixo da linha do cabelo na nuca.

9- Nesta mesma região, deve-se, com as manobras P'ái, Kou, Tsuei, Nou e também Nie, tratar a região dos ombros.

Figura 70 – P'ai, palmadas.

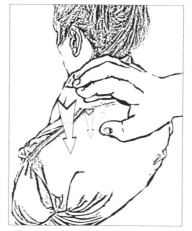

Figura 71 – Kou, bater com as pontas dos dedos.

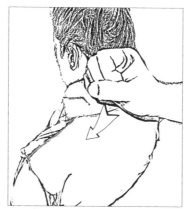

Figura 72 – Tsuei, soco vazio.

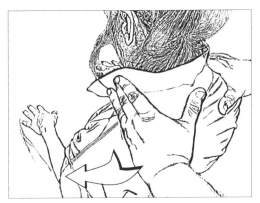
Figura 73 – Nou, alisamento com a faca da mão.

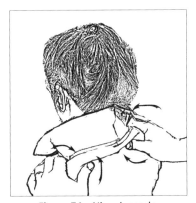
Figura 74 – Nie, pinçando.

Com o paciente deitado em decúbito ventral

Na prática, o melhor lugar para se posicionar é do lado direito do paciente, e devemos, quando mudarmos de lado, girar por cima da cabeça deste no sentido horário.

Começaremos a massagem de baixo para cima. Lembre-se: devemos ter atenção para com aqueles pacientes com pressão arterial alta, pois este sentido pode aumentá-la ainda mais. Dessa forma, devemos nos informar sobre isso antecipadamente.

1- Utilizando-se da Manobra Tsá, que é um "esfregar mais forte", devemos massagear a região lombar, mais precisamente sobre a bacia, atingindo a região sacral e do cóccix.

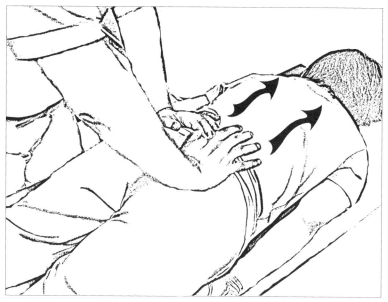

Figura 75 – Massagem mais forte em áreas maiores.

2- Massagear a região dos rins, utilizando-se tanto do Tsá quanto do Mo. Pode-se fazer tanto pela direita quanto pela esquerda, ou mesmo nos dois sentidos.

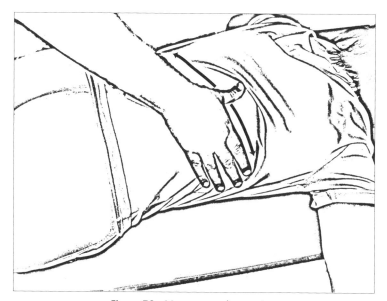

Figura 76 – Massagem sobre os rins.

3- Massagear a região da coluna, utilizando-se da forma Kun, ou mesmo Mo serpenteando, de baixo para cima. A coluna nunca deve ser pressionada diretamente nem com força.

Figura 77 – Ativando a energia da coluna, desde o cóccix.

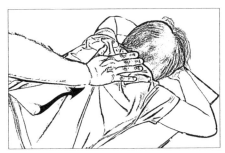

Figura 78 – Até a cervical, cuidando para não pressionar o pescoço do paciente.

4- Para massagear os músculos paravertebrais pode-se usar o deslizamento com o polegar e aqui poderemos utilizar um pouco mais de pressão. Tanto o Mo, quanto o Rou, ou mesmo o Tsá podem ser usados.

Figura 79 – Alisamento feito com os polegares pelas paravertebrais.

5- Fazer o Rou, massagem circular misturada com Tuei, subindo pela região da coluna e abrindo-se para os braços.

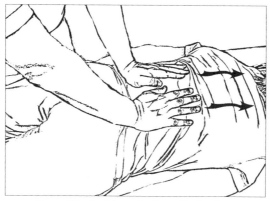

Figura 80 – Desbloqueio da região lombar.

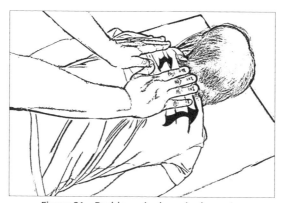

Figura 81 – Desbloqueio do meio das costas.

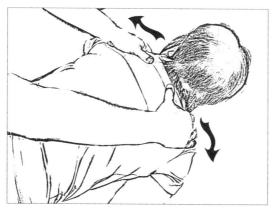

Figura 82 – Desbloqueio dos ombros.

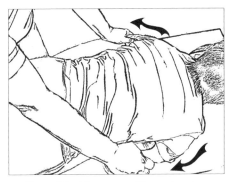
Figura 83 – Massagem até os cotovelos.

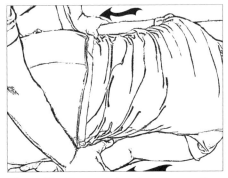
Figura 84 – Massagem terminando nas mãos.

6- Fazer o Rou descendo da região lombar e abrindo-se para as pernas. Fazer a massagem pela lateral da perna, nunca diretamente na linha central.

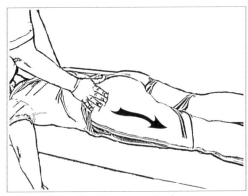
Figura 85 – Massagem circular.

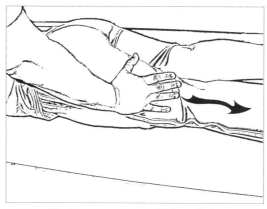

Figura 86 – Rou, massagem pelas laterais da perna.

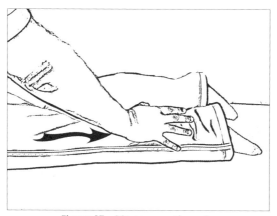

Figura 87 – Massagem até os pés.

7- Massagear o encaixe coxofemoral. Pode-se usar Mo e Tsá com o polegar.

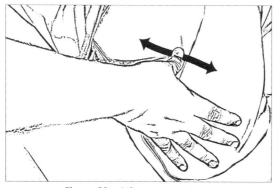

Figura 88 – Ativar o trocanter.

8- Com a mesma manobra, podemos seguir a linha lateral da perna, por onde se estende o Meridiano da Vesícula Biliar. Normalmente, o paciente sentirá dor neste trajeto.

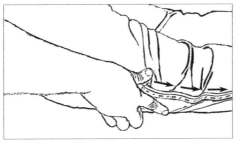

Figura 89 – Desbloqueio em pinça.

9- Esta região também pode ser ativada através do Nie, massageando a região dos glúteos até os tendões de Aquiles.

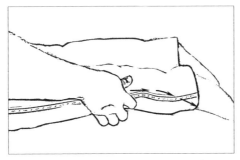

Figura 90 – Nie seguindo o meridiano da VB.

10- Massagear a fossa poplítea, atrás dos joelhos. Pode-se usar a mão em soco, o polegar ou mesmo a faca da mão em Rou. Aquecer a região antes de fazer os giros das articulações, Iao.

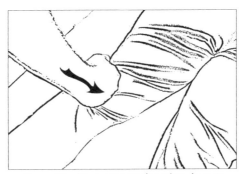

Figura 91 – Nam, pressão depositando peso.

11- Colocar a mão fechada na fossa e dobrar gentilmente os joelhos, fazendo com que o calço fornecido pela mão faça o desbloqueio da região.

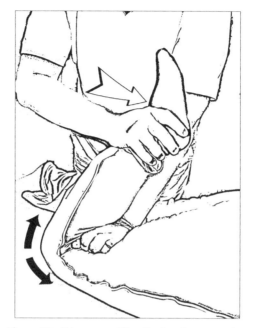

Figura 92 – Ná, com a utilização da mão em punho.

12- Tracionar os tornozelos com Ná e Rou.

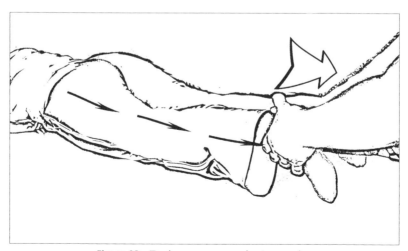

Figura 93 – Tracionar a perna pelos tornozelos.

Massagem na parte anterior

1- Alisamento na testa do paciente, Mo, utilizando-se os polegares do meio da testa para fora.

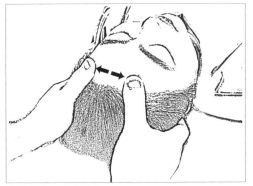

Figura 94 – Massagem na parte superior da testa.

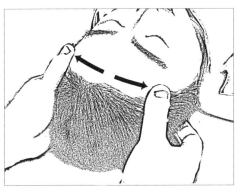

Figura 95 – Massagem do centro para as laterais até a proximidade das orelhas.

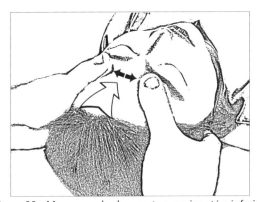

Figura 96 – Massagem desde a parte superior até a inferior.

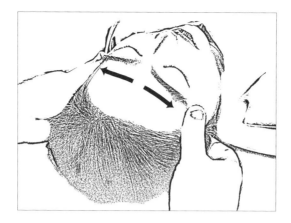

Figura 97 – Massagear do centro para fora, aliviando tensões, inclusive das costas.

2- Massagem ao redor dos olhos;

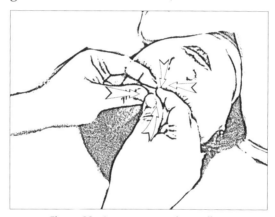

Figura 98 – Lum entre as sobrancelhas.

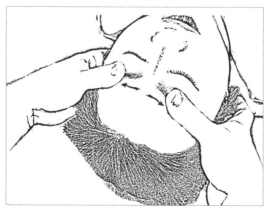

Figura 99 – Massagear partindo do centro.

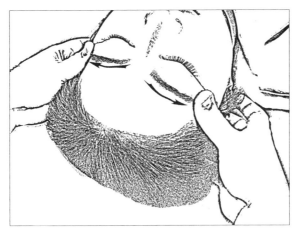

Figura 100 – Massagem para as laterais, na parte superior.

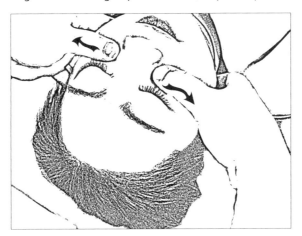

Figura 101 – Massagem na parte inferior.

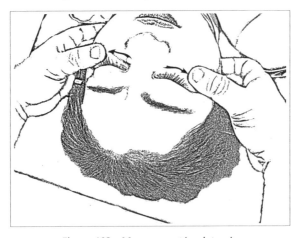

Figura 102 – Massagem até as laterais.

3- Massagem ao redor da boca;

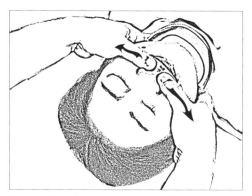

Figura 103 – Massagem acima dos lábios, no centro.

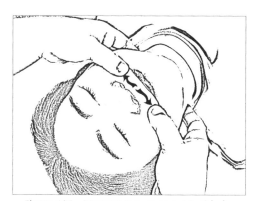

Figura 104 – Massagem para as extremidades.

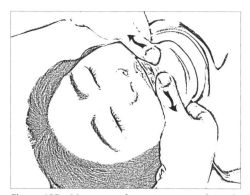

Figura 105 – Massagem do centro para as laterais.

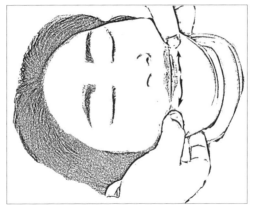

Figura 106 – Massagem na parte inferior dos lábios.

4- Massagem nas laterais do nariz.

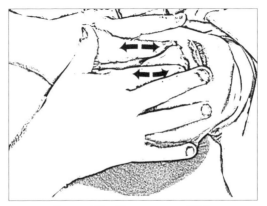

Figura 107 – Massagear em IG20.

5- Pressionar o ponto IG20, onde as linhas de expressão do nariz se encontram com uma linha imaginária projetada a partir das narinas, ao encontro destas.

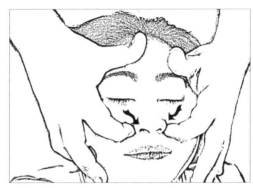

Figura 108 – Pontuar em IG20.

6- Massagem no Meridiano do Estômago, desde os ouvidos até a ponta do queixo.

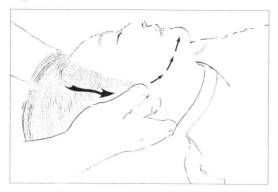

Figura 109 – Massagem de E08 através do maxilar.

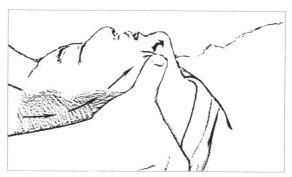

Figura 110 – Massagem até a ponta do queixo.

7- Pontuar ou deslizar conforme o paciente, seja homem ou mulher, na região do esterno, contornando a base das mamas.

Figura 111 – Massagem no RM17.

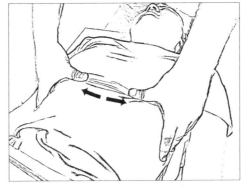

Figura 112 – Abrir para as laterais das mamas.

8- Massagem nas laterais do tórax de cima para baixo.

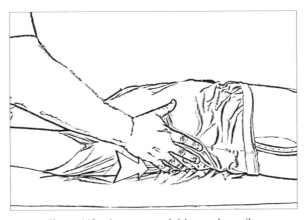

Figura 113 – A massagem inicia-se sob a axila.

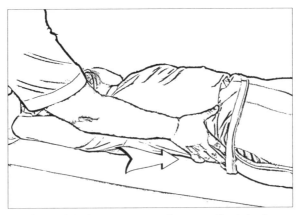

Figura 114 – A massagem termina na região da bacia.

9- Unir fígado e baço. Com a massagem Mo, fazer com a base da mão o sentido de levar a energia da Madeira à Terra. A volta é feita bem levemente, fazer 36 vezes.

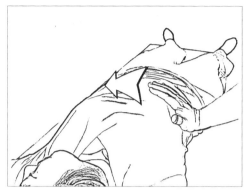

Figura 115 – Massagem do fígado ao baço.

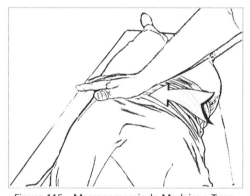

Figura 116 – Massagem unindo Madeira e Terra.

Figura 117 – A Madeira se alimenta de sua esposa, a Terra.

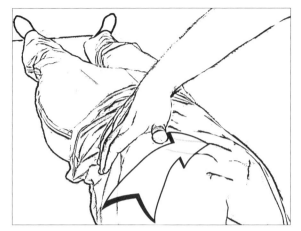
Figura 118 – Sangue e Energia unidos. Agora, o movimento vai da Terra à Madeira.

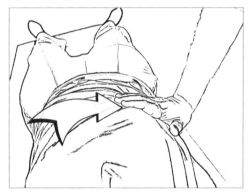
Figura 119 – Retorno ao início.

10- Ao redor do umbigo, fazer 36 deslizamentos. Quando vai da direita para a esquerda, o movimento é feito por cima dele. A base da mão é que exerce a força; na volta por baixo, os dedos são utilizados, e a massagem se torna um pouco mais leve.

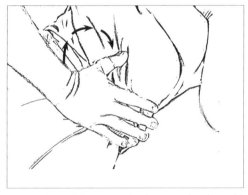
Figura 120 – Massagem circular ao redor do umbigo.

11- Massagem utilizando-se da manobra Mo, na região do Tân Tien.

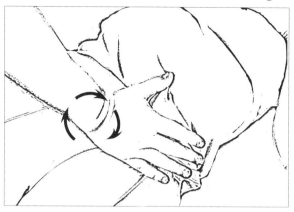

Figura 121 – Mo, no Tân Tien.

12- Massagem da linha do Meridiano do Pulmão em Nie, do ombro até o pulso.

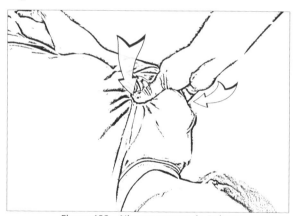

Figura 122 – Nie nos pontos do Pulmão.

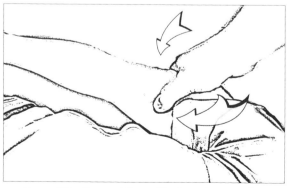

Figura 123 – Nos meridianos Yin, é usado menos força.

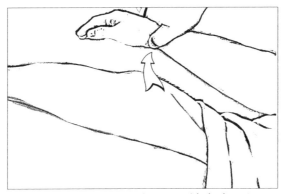

Figura 124 – Massagem até a extremidade das mãos.

13- Repetir o mesmo procedimento na parte interna do braço, quase na linha do meridiano do coração. A força neste caso deve ser muito mais suave para não lesá-lo.

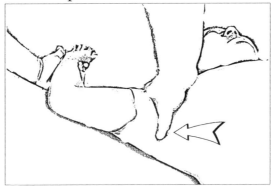

Figura 125 – Área sensível! Massagem mais leve.

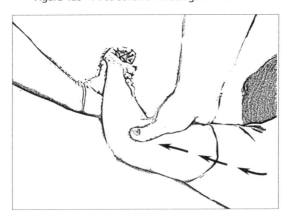

Figura 126 – Massagem passando pelo ponto da mágoa.

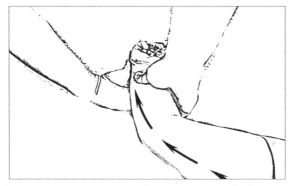

Figura 127 – Massagem seguindo até a extremidade do trajeto.

14- Massagear todos os dedos das mãos com Nie – pinça.

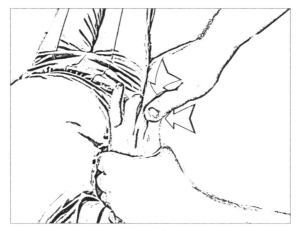

Figura 128 – Massagem dos dedos das mãos.

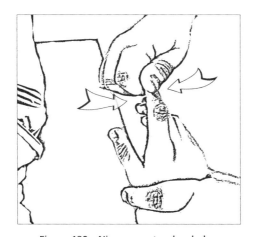

Figura 129 – Nie nas pontas dos dedos.

15- Repetir o mesmo procedimento de deslizamento para o Meridiano da Vesícula Biliar.

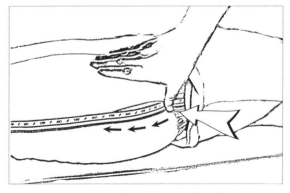

Figura 130 – Usar o polegar no Meridiano da VB.

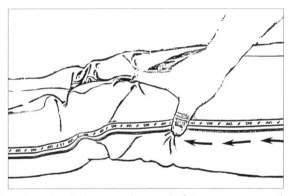

Figura 131 – Os pontos dolorosos podem ser desfeitos ao se passar pela área.

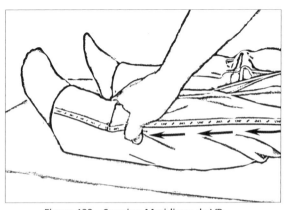

Figura 132 – Seguir o Meridiano da VB.

16- Repetir o movimento na parte interna que corresponde aos meridianos Yin. Lembre-se de que estes não podem receber pressão exagerada.

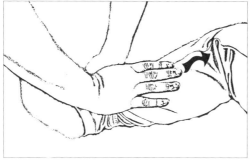

Figura 133 – Massagem subindo pela parte interna das pernas.

Figura 134 – Massagem mais leve na parte interna das pernas.

17- Massagear a linha que compreende o Caminho das Águas nos pés, no sentido de tonificação, ou seja, de cima para baixo. O Caminho compreende a área onde se encontram os três meridianos Yin e vai até o ponto dos rins no meio da sola dos pés.

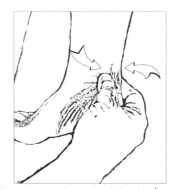

Figura 135 – Nie no Caminho das Águas.

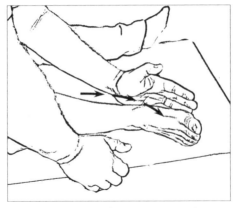

Figura 136 – Mo, alisar no mesmo trajeto.

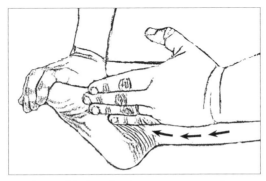

Figura 137 – Detalhe da massagem no trajeto.

Massagem nos pés

Muitos transformaram o Tui Ná numa massagem reflexa e caem num erro muito comum de quem não entende como a técnica funciona. Isso acontece, primeiramente, pelo desconhecimento de como ele está em sintonia com o que ocorre dentro de nossos corpos; assim, as partes estão formadas de acordo com a semelhança com o que é principal, "Forma Humana", que segue a Forma do Universo, e dentro de seus limites, o corpo humano será formado por uma série daquilo que chamamos de microcosmos[22], e, portanto, estes estão também em semelhança à própria Forma Humana e a do Macrocosmo.

---

22. Os microcosmos podem ser: pés, mãos, pavilhão auricular e ao redor do umbigo, por exemplo.

O Microcosmo dos Pés está configurado à semelhança do Macrocosmo, que é o corpo inteiro, e assim por diante até chegar a nossa relação com o Universo.

A compreensão do Símbolo do Tai Chi (Figura 138) pode ser muito extensa. Apesar de ser bem simples, neste ponto quero ressaltar apenas uma delas, que consiste no seguinte: que o Yang é a parte externa de qualquer coisa; neste caso específico, estou falando da parte externa de nossos corpos e que mostra nele uma parte Yin, interna, como se fosse uma chave de acesso ao que está localizado na parte interior, ou seja, o interior se projeta para o exterior. Da mesma forma, teremos o exterior se projetando no interior. Isso se também se verifica quando nos referimos ao lado escuro daquele símbolo, as mesmas regras se mantêm desta forma, o Yang externo se projeta no interno.

Figura 138 – O Tai Chi Tu, Símbolo do Tai Chi e do YinYang.

Isso quer dizer que, quando for utilizado o Tui Ná, pode-se acessar a parte interna através de pontos na parte externa, não meramente como um reflexo, mas a parte interna como uma extensão na parte externa e acessível ao nosso toque.

Quando se toca em pontos nos pés ou em outro microcosmo, a energia é levada diretamente ao interior do paciente, agindo sobre a parte escolhida.

Os pés apresentam de uma forma peculiar à disposição interna e/ou a externa de nossos corpos, só que de uma maneira particular. Podemos enxergar nos pés a forma de uma pessoa sentada no chão com os braços segurando as pernas.

Este tipo de analogia serve para clarear a mente do terapeuta e facilita interpretações.

Mapa de pontos dos pés

Como foi dito, o Tui Ná é amplamente aplicado na região dos pés, sendo seu principal ponto focal de atuação. Não se pode esquecer de que existem centenas de pontos ao longo do corpo, que serão apresentados a seguir.

Parte superior do pé

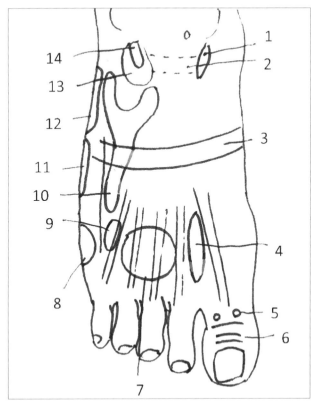

Figura 139 – Vista superior do pé.

1- Ponto da linfa inferior, situado na fossa anterior do maléolo medial do tornozelo, refere-se ao ponto BP05, Shan Tiou. A linfa é um líquido que acumula e ajuda a retirar as impurezas do corpo. Este ponto é ligado à região de baixo do corpo, onde as mulheres acumulam muita "impureza", portanto, deve-se sempre utilizá-lo para sua eliminação.

2- Trompa de Falópio, região do ligamento cruciato e na região do ponto E41, Jie Xi.

3- Diafragma pertence ao Baço, à Bomba, ou coração inferior23, regendo tanto a respiração e a "Bomba" superior do coração. Neste ponto todas as linfas se interligam. O ponto de Tui Ná refere-se à área que abrange E43, Xian Gu da acupuntura.

4- Linfa Média, Faringe, ou Ponto da Expressão, ponto especial para dor de garganta, traqueia. Na depressão entre o metatarso do hálux e o segundo artelho, encontram-se F02, Xing Jian e F03, Tai Chong. Os pontos das linfas tratam a herpes, sem esquecer que a baixa imunidade é originada na fraqueza do baço.

5- Amígdalas, ligadas ao sistema de defesa do corpo humano.

6- Maxilar inferior e superior, mais perto da unha, para problemas dos dentes, de dor no nervo Trigêmeo e mesmo deslocamento. Referente e entre os pontos BP01, Yin Bai e F01, Da Dun.

7- Peito, seio, pulmão, ajuda a retirar a tristeza da pessoa, serve para o tratamento de nódulos nesta região e como diagnóstico para este tipo de problema. Na região de E44, Nei Tin, incluindo-o, e VB43, Xia Xi, termina na borda interna do 4° metatarso.

8- Ombro, dores e contrações. Os japoneses chamam de "katacori" que é um endurecimento nesta região, mas só devemos

---

23. A bomba mencionada é aquela formada pelo movimento oriundo da Terra e que move, impulsiona, o músculo ancestral ligado ao meridiano Grande Lo do Estômago, *Xu Li,* que em ressonância àquela movimentação move a região do assoalho pélvico, por sua vez aciona o diafragma, fazendo com que a bomba cardíaca e pulmonar sejam acionadas. Lembre-se de que a terceira bomba é a dos Rins.

lembrar que os problemas do ombro se encontram no ponto oposto. Na depressão lateral e anterior à quinta articulação metatarso falangeana encontra-se B66 Shu Gu.

9- Pressão baixa, desânimo, para cansaço também. Refere-se ao ponto VB41, Zu Lin Qi, este ponto segue para a sola dos pés.

10- Omoplatas, para dor e tratamento do meridiano do Intestino Delgado. Refere-se à região entre Zu Lin Qi e VB 40, Qiu Xu, não o atingindo.

11- Cotovelo, para problemas comuns em jogadores de tênis, mas também como auxiliar no tratamento de problemas nos joelhos. Refere-se à região entre os pontos B65, Shu Gu e B64, Jing Gu, principalmente relacionado a este.

12- Joelho e bacia. Para tratar os joelhos, é necessário usar estes pontos além das seis linfas. A dor neste local pode ser por sangue frio no fígado, e uma das razões mais comuns é a ingestão de frutas, que causam este tipo de problema, devendo-se evitá-los, portanto. Usar em associação com Yin Bai, BP01 e Yang Lin Chuan, VB34. Na depressão onde se encontra B63, Jin Men. Trata ainda dores lombares.

13- Ponto da região da cintura, para tratar dores e contrações nesta região. Depressão do maléolo lateral.

14- Linfa superior, ponto ligado ao acúmulo de impurezas na parte superior do corpo. Em caso de câncer, deve-se tratar as três linfas. Se esta doença estiver muito avançada não se deve usá-los. Refere-se principalmente a depressão à frente e abaixo do maléolo lateral e ao ponto VB40, Qiu Xi.

Parte interna do pé – Medial

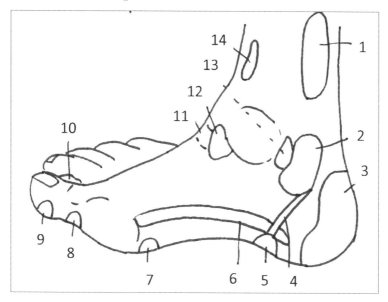

Figura 140 – Vista medial do pé.

1 - Varizes, hemorroidas, prisão de ventre e reto. Além da parte genital feminina, os problemas de varizes e hemorroidas devem ser entendidos como um todo, portanto, deve-se tratar tanto o estômago quanto o baço-pâncreas. Refere-se principalmente ao ponto BP06, San Yin Jiao e a união dos três meridianos Yin do corpo.

2 - Útero, próstata, ovários, testículos, vagina, pênis, qualquer e todos os problemas relativos à parte genital, como doenças que as afetam e problemas como mioma, no caso das mulheres, impotência e frigidez, ovários policísticos etc. são tratados em conjunto com este ponto, além de problemas de dores nas costas, aumento da próstata e do útero. Devem ser associados a uma visão propiciada pela análise energética através dos pulsos radiosos. Pontos: R03 – Tai Xi e R04 – Da Zhong.

3 - Osso sacro e parte interna do cóccix, para dores em geral, deslocamentos. Ponto R05 – Shuiguan.

4 - Uretra, genital.

5 - Bexiga, falta de eliminação de urina ou retenção desta.

Ver adiante, dores de cabeça no topo, má circulação geral nos órgãos.

6 - Coluna, as massagens nesta região devem ser feitas suavemente para restaurar o fluxo de energia da região. Encontra-se o Ponto R02 – Rangu, parte inferior da coluna, e BP03 e 04 (Taipai e Gungsun) para a parte superior.

7 - Tireoide, para nódulos e como auxiliar nos problemas de falta de vontade, desânimo, acúmulo de gordura no corpo, para auxiliar nos problemas em que a pessoa não consegue se expressar adequadamente.

8 - Nuca, dores em geral, impossibilidade de se mexer os dedos médio, anular e mínimo das mãos ou quando estes, ao acordar, estão dobrados para o centro da palma da mão. Neste caso, usar o ponto das costas na parte superior e que está localizado na lateral dos pés, ponto número 8 do mapa superior do pé. O ponto localiza-se próximo de BP02 – Dadu.

9 - Nariz, auxiliar na recuperação de traumas, rinite alérgica, entupimento das vias aéreas etc. abaixo de BP01 – Yinbai.

10 - Nervo Trigêmeo, para o tratamento da dor do referido nervo, deslocamento da mandíbula, dores de dente, bruxismo, ATM e até mesmo tensão.

11 - Trompa de Falópio, para problemas na região e auxiliar na fertilidade.

12 - Linfa inferior, para tratamento e limpeza de impurezas da região inferior do corpo, principalmente nas mulheres. Nos homens, a retenção de sêmen afeta tanto a bexiga quanto esta área, pode-se encontrar em pessoas que fazem de forma errada o tantrismo e sentem dor nesta região, por acúmulo de energia que não foi liberada, bem como pelo entupimento dos canais da bexiga, o que irá afetar todo o corpo. Ver bexiga. Engloba BP05 – Shang Qiu.

13 - Bacia, para dores em geral nesta região, incluindo os quadris, na locomoção e em casos de se ter uma perna muito maior que a outra. Engloba R06 – Zhaohai.

14 - Virilha, acúmulo de impurezas nas mulheres.

Parte superior/externa

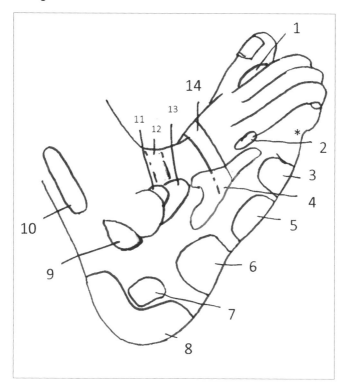

Figura 141 - Vista lateral do pé.

1- Nervo trigêmeo, a nevralgia do trigêmeo, considerada uma das piores dores, pode ser tratada com a atuação nesta área. Como não ocorre de forma isolada também serão necessários os pontos ligados aos maxilares, a toda a cabeça, incluindo o ponto IG04 na mão, além de mudança de alimentação, buscando o esfriamento do organismo e a sedação da parte emocional (vide auriculoterapia), deslocamento da mandíbula, dores de dente bruxismo, ATM e até mesmo tensão. Abaixo da linha do meridiano do Fígado e de F01, Ta Tuen.

*Não é considerado um ponto dos mapas dos pés, mas por ser muito eficaz é indicado aqui por representar a Raiz do Meridiano dos Rins. Sua aplicação não se restringe apenas à tonificação dos rins e de seu sistema apenas, mas se aplica ao tratamento de cistite também.

2- Pressão baixa, desânimo. Este ponto serve de energético, recuperando a disposição para se enfrentar uma nova jornada de trabalho e também para se começar o dia com disposição. Como é um ponto do meridiano da vesícula biliar, tem a ver com o sentimento de depressão. É indicado para desmaio, fraqueza, dispersão. O ponto equilibra a pressão arterial, refere-se a VB41- Lin Chi.

3- Ombro, são tratadas as dores nesta região e a bursite, refere-se a B66 – Tung Gu;

4- Omoplata, esta parte do corpo é regida pela energia do meridiano do Intestino Delgado. Problemas que afetam esta parte do corpo podem resultar em problemas nesta região, o calor é um deles.

5- Cotovelo, a dor nesta região causada por exercícios feitos de forma errada pode ser tratada pelo manuseio deste ponto. É claro que um bom diagnóstico energético pelos pulsos é necessário para se tiver o panorama total do tratamento, associado a todas as juntas e problemas relativos ao fígado, por sua ligação com os tendões. Refere-se a B65 – Shu Gu e a B64 – Jing Gu.

6- Bacia e joelho, os mais diversos problemas que atingem a esta área são oriundos de má postura, atividades que exigem ficar sentado muito tempo, falta de aquecimento corpóreo antes de atividades físicas, problemas relativos ao fígado e à falta de flexibilidade, a não se querer mudar de direção na vida, à falta de apoio, de desconfiança, julgamentos feitos de forma dura e até mesmo de impossibilidade de mudar. Nas mulheres, os problemas da bacia sempre são oriundos de alterações no campo emocional de relacionamento, que afetam diretamente a região genital, as costas, coluna e parte dos ombros, tanto que o conhecido "katacori" dos japoneses que é a dor crônica na região dos ombros sempre tem a ver com problemas originários na região inferior do corpo, B63 – Jin Men e pode atingir B62 Shen Mai.

7- Testículo e ovário, problemas nestas regiões relacionam-se ao princípio ativo de cada um dos gêneros. Dessa forma, todo o sistema urinário, inclusive os rins, deve ser tratado.

Relativo ao B61 – Pushen.

8- Parte externa do Cóccix e Osso Sacro, esta região funciona como um leme em nossos corpos, direcionando nosso corpo, quando a pessoa passa por problemas que afetam diretamente sua conduta, seu modo de agir, a direção que sua vida está levando e que está em confronto com ideais e normas estabelecidas. Quebrar esta região é muito comum quando caímos sentados. O Osso Sacro foi incluído no mapa conjuntamente com a do cóccix. Está associada à passagem inferior da energia proveniente da frente do corpo sobe até a cabeça, nutrindo-a.

9- Bacia, ligada aos problemas genitais e às doenças que a afetam a bacia, é um nome genérico para a região lombar. Portanto deve-se ampliar o conceito para toda região, normalmente tem sua raiz em problemas do baço, que é o órgão das relações interpessoais; portanto, problemas nesta área de nossas vidas resultam em problemas nesta região, um não sara enquanto o outro se mantiver doente. Ponto B60 – Kunlun.

10-Esterilidade, infertilidade e **menstruação,** é auxiliar no tratamento de infertilidade tanto masculina quanto feminina, e um dos pontos acessórios que, em conjunto com uma análise mais profunda do estado da pessoa, pode resultar na solução dos problemas desta natureza. Ponto VB38 – Yangfu.

11-Linfa superior, o ponto serve para tratar o acúmulo de "lixo" na região que abrange as axilas e pescoço. Em caso de febre, tratar também os pontos de vento na base do crânio a 2 cm de cada lado da coluna e também as amígdalas;

12-Trompa de Falópio, ponto utilizado para o tratamento de infertilidade.

13-Costelas, cintura, tratamento de dores nesta região, bem como de problemas internos nos órgãos que estão ali localizados.

14-Diafragma, está diretamente associado ao baço de onde se origina. Quer dizer, se este tem problemas, aquele também terá. O baço regula todas as interfaces entre os demais órgãos, a umidade corporal, os músculos; está relacionado não só com o baixo ventre de onde vem sua força, mas também às bombas cardíaca e pulmonar e a todo sistema de recondução de líquido e sangue que se encontram nas pernas e que devem sofrer renovação pelos órgãos que estão na parte superior do corpo. É a parte central de nosso corpo, isso explica sua ligação com o baço, órgão central da MTC.

Sola dos pés

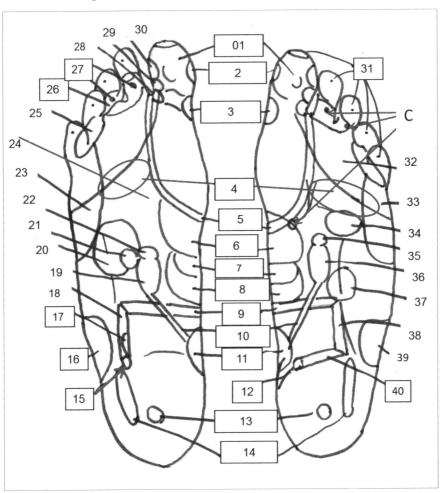

Figura 142 - Pontos de Tui Ná na sola dos pés.

1. Cérebro, dor de cabeça, memória, para ampliar as ligações nervosas.

2. Nariz, congestão nasal, dores, identidade pessoal.

3. Paratireoides, nódulos.

4. Pulmão, bronquite, resfriados, problemas respiratórios.

5. Tireoides, hipo e hipertireoidismo, nódulos.

6. Estômago, todos os problemas desta região podem ou devem, em conjunto, ser tratados por este ponto, desintoxicação, preocupação. Espinhas ou manchas no rosto é calor nesta víscera. Estômago com problema, sedar o fígado.

7. Pâncreas, no tratamento dos problemas do baço, ao qual faz parte, nas disfunções do aparelho genital feminino, no prazo das menstruações e também como auxiliar no tratamento da diabetes. Não é considerado como o ponto principal para este tratamento em função de que o entendimento é que devido ao enfraquecimento da região dos rins, ou melhor, do "Trovão", área compreendida pelos rins, Triplo Aquecedor, Ming Men, rim direito propriamente dito e vesícula biliar, em função de seu enfraquecimento e consequente esfriamento é que ocorre este tipo de doença. O pâncreas liga-se ao duodeno e às suprarrenais; regula os açúcares no corpo e os equilibra.

8. Duodeno. O duodeno é a área afetada pela frustração, este sentimento estrangula sua capacidade de receber a bile oriunda da vesícula biliar e faz com que o líquido seja impedido de ir à frente, para ajudar na digestão. Dessa forma, os cálculos biliares são criados pelo seu acúmulo e endurecimento. Ver vesícula biliar.

9. Cólon Transverso, intestino preso, diverticulite.

10. Ureter, infecção urinária.

11. Bexiga é o "órgão" principal da Medicina Tradicional Chinesa, devido ao entendimento de que esta parte do corpo está relacionada ao "vapor", que a partir dela se move para todos os demais órgãos e vísceras do corpo. Os pontos de assentimento encontrados em seu trajeto nas costas são a porta de passagem desse vapor, que supre todo o organismo. Segundo este entendimento, existem duas bolsas, uma dentro da outra; na primeira, o líquido é recepcionado e após aquecimento ele transborda para a outra, que se encontra à sua volta e de lá já purificada a urina, evapora para subir pelo meridiano em questão e atingir as regiões desejadas. Dessa forma, transforma-se em um ponto de acúmulo de doenças que culminam em dores de cabeça no topo do crânio, que são consideradas as mais difíceis de curar, por também demandar mais tempo em seu tratamento.

12. Ânus, hemorroidas (ponto unilateral). Esta área está ligada ao sistema dos rins, portanto, não adianta um tratamento isolado. Quando ele sai, deve-se usar a base do quinto pododáctilo, massageando-se ali.

13. Genitais externos, para todos os problemas ligados à reprodução, às doenças venéreas em geral, às infecções no aparato urogenital, aos rins, como parte integrante deste sistema e, portanto, não se pode esquecer deste quando tratá-lo;

14. Nervo ciático, dor nesta região e na bacia. O adoecimento deve-se ao que se costuma chamar de acúmulo de calor e umidade e costuma ocorrer durante as épocas de saída de verão e de inverno quando estes dois fatores se encontram mais presentes. A mudança na alimentação é também uma das formas de tratamento. Confunde-se com dores oriundas do chamado "esporão", que é um apêndice ósseo na região dos pés, área afetada por problemas desta ordem. As dores de ciático estendem-se a uma vastidão de lugares que começam em sua raiz, na coluna lombar, dos glúteos laterais das pernas e coxas até os pés. Incluir a massagem ascendente nas laterais da tíbia para seu tratamento.

15. Ceco apêndice, ponto unilateral, dores de apendicite, procurar um médico urgente.

16. Bacia e joelho, ponto utilizado para tratamento de dores nas costas e hérnia de disco.

17. Válvula óstio-ileo-cecal.

18. Cólon ascendente, colite.

19. Rim direito está associado ao Fogo e tem a natureza quente, também rege o homem em função disso e seus sistemas. A fraqueza dos rins, em especial deste, causa a diabete.

20. Fígado é o lugar onde a Energia e o Sangue se encontram no corpo e, portanto, faz com que este último se renove com a primeira. A disposição natural pela manhã vem desse fato; assim, pessoas com vida noturna sempre estarão lesando o fígado e a reposição da energia de seu corpo dessa forma, daí a dificuldade de se levantar pela manhã. Os sintomas de depressão podem originar-se aí. Escamação e secura são associadas com a vesícula biliar. Escamação no peito do pé = estômago; lateral direita superior fígado e/ou baço; lateral externa vesícula. No tratamento da hepatite, tratar sedando o baço e tonificando o fígado. O fígado afeta o baço que afeta os rins.

21. Vesícula biliar. Para se iniciar algo na vida, é necessária à energia da vesícula, sem a qual nunca começaremos nada de novo. Para sua conclusão, no entanto, é necessário que a energia do Fígado venha complementá-la para que a tarefa seja executada plenamente, com começo, meio e fim. "Com a retirada da vesícula, a vida não está mais segura!" Dizia Mestre Liu. Todos os órgãos precisam do Yang da vesícula biliar para poder ficar saudáveis. Cálculo biliar tem origem no duodeno, que, retorcido por algum tipo de raiva, decorrente normalmente de uma frustração muito grande, impede o fluxo da bile até aquele lugar. Tratar estômago, duodeno e fígado, nesta ordem.

22. Suprarrenal, a adrenalina está associada a esta parte do corpo. Assim, pessoas que fazem práticas esportivas radicais terão afetadas estas regiões, além dos rins, acarretando diversas doenças emocionais.

23. Ombros e braços, bursite.

24. Plexo Solar, relaxamento, nervosismo, ansiedade. Deve ser manuseado com cautela para não retirar a vontade própria.

25. Ouvido esquerdo, afecções e falta da audição.

26. Olho esquerdo, tratamento de doenças em geral nesta região.

27. Ponto do coração, serve também para alarme de problemas cardíacos e no tratamento destes. No pé esquerdo, além dos pontos de tratamento nas falanges, existe um ponto assessório acima do lugar de manifestação do estômago para o tratamento do coração – C.

28. Cerviz, cervical, dores na região do pescoço e problemas nos braços e também a impossibilidade de se mexer os dedos das mãos.

29. Nervo Trigêmeo, dor e ATM.

30. Cerebelo, para problemas nesta região, bem como para o tratamento de perda de equilíbrio.

31. Seio frontal e neurônios, rinite. Para tratamento de rinite, aconselha-se o manuseio destas regiões durante 5 minutos por dia durante 30 dias seguidos. Dessa forma, deve-se ensinar ao paciente as manobras necessárias para que ele mesmo possa se tratar.

32. Musculo Trapézio, dores nos ombros, torcicolo, problemas nos braços, mãos e dedos, em ambos os pés.

33. Ombro esquerdo, dor neste local e braço e dedos da mão esquerda.

34. Coração, tradicionalmente é a morada original e ponto de partida quando da morte do indivíduo das Almas Vegetativas (Bem Shen). Portanto, deve ser tratada somente por pessoas que entendem do assunto, preferindo que não seja utilizado o ponto.

35. Suprarrenal esquerda, alergias e falta de ímpeto.

36. Rim esquerdo, de energia fria rege a mulher. Utilizar ambos os pontos para tratar arteriosclerose, que é um bloqueio nos rins. Insônia, tonificar coração e rins,

37. Baço, órgão central da MTC, regula o sistema imunológico, a umidade, os músculos, a mulher e seus problemas, a parte de reprodução, os relacionamentos e harmoniza as relações entre os demais órgãos, dividindo igualmente ou de acordo com suas necessidades o mais equanimemente possível. É o regente das Linfas e, em associação a elas, como disse uma vez o Mestre, até o câncer em seu início é capaz de ser revertido. Trata a anemia, as articulações, artrose, artrite em associação com os rins, as regras, o ciático, inchaço. Sua fraqueza gera os cálculos renais, derrame, cãibras, impotência, tendões, útero, tontura em associação com o fígado, cólica menstrual + ovários (+ parte interna e superior do joelho relativa aos ovários) + trompas e + linfa inferior. Se tiver cólica com ânsia e/ou vomito é sinal de baço fraco.

38. Cólon descendente, colite.

39. Bacia e joelho esquerdo, dores em geral.

40. Reto, ponto para tratamento de hemorroidas.

Os pontos dos pés e mãos somam-se aos pontos localizados pelo corpo para os tratamentos, constituindo uma rede importante de ativação e mobilização da Energia no indivíduo.

Os movimentos e suas manifestações

O Metal

Figura 143 – Minério, o Metal.

O Metal assemelha-se ao Céu, tem em si todas as qualidades deste "Pai". Sua aridez provém de sua secura natural, sua frieza, seu poder de concentração são as aptidões naturais do "Grande Engendrador" regrador, que cria tudo e lhe dá vida, e também as regras precisas de funcionamento.

O Metal (Figura 143) é por excelência o Espírito, Pai, a Unidade, o Imperador, o Senhor, o Velho, duro, muitas vezes dourado como o ouro, pois Tin, metal, quer dizer ouro. Apresenta, dessa forma, um significado de preciosidade, de Tesouro, muitas vezes escondido. As preciosidades do corpo estão sempre escondidas e protegidas, tanto que o Centro Espiritual está no núcleo central do cérebro na sua parte mais protegida, dentro da caixa craniana. É também associado ao cavalo, o Garanhão, reprodutor gerador da prole, indomável, nervoso, agitado por esta força impetuosa que faz seguir em frente, não se ligando a nada. Costumo dizer que o Metal é o Fogo Seco, enquanto o Fogo é o Fogo Molhado, eles repartem o Yang na parte superior do corpo, formando um casal, sendo aquele o marido e esta a mulher.

No fundo da água encontram-se aquelas preciosidades também, pois é o lugar de atuação mais forte desta influência que vem do Céu, é lá que as preciosidades são depositadas. Seu peso inerente as leva para lá e neste local são acumuladas, daí vem a ligação da capacidade de nossa essência reprodutora com o poder criador do Céu.

O metal também pode ser entendido como todos os minérios, as pedras e, desta forma, em nossos corpos pode ser relacionado aos ossos[24]. Na maior parte dos textos e comentários feitos sobre os ossos, os encontraremos associados sempre à água, mas o que se deve ter em mente é que aquela unidade do Céu é a responsável pela geração da água em qualquer instância. Dessa maneira, o centro Lin Tai, Centro Espiritual, de cor branca perolada, é o

---

24.   Os ossos nascem a partir do Metal e não simplesmente da água. Isto vem do entendimento que o Metal, Espírito Branco do Céu e de onde tudo provém, gera coisas dessa natureza, dura, sólida, um agregado em função daquela condensação, que é sua principal característica, branco, rígido, na forma mineral todas as qualidades pertencem a ele. "A unidade do céu gera a água", assim a água provém do próprio metal. Para simplificar: durante o tratamento dos ossos, não se pode esquecer de tratar a origem; se esta estiver fraca, sua descendência, seus filhos, estarão fracos. Dessa forma, se esquecermos de tratar o metal, os rins e, por consequência, os ossos, estarão fracos.

responsável pela criação e também pela manutenção daquela estrutura. Isso algum dia deverá ser provado pela ciência ocidental, quando forem possíveis de se verificar em um ser vivo a atuação de determinadas partes de nossos corpos.

Como o metal representa o ser em uma idade mais avançada, também se infere a existência de sabedoria, ou ao menos experiência, sob seus cuidados.

Na casa da criatividade, do Feng Shui, encontra-se o Lago[25] que espelha o Criador, o Céu[26]. Assim, haverá em nossos corpos este tipo de criação, geração dos filhos a nosso alcance.

Ao contrário da doçura que pode ser encontrada com a mãe, aqui encontramos os julgamentos da justiça, além das penas e os métodos de execução, pois o sabor do metal, que é o picante de odor pungente, vem do veneno dado nas penas de morte. O sabor picante ajuda a eliminar as toxinas através do suor devido ao movimento deste, que permite ou que provoca a abertura dos poros da pele para a saída do que se encontra represado no corpo.

O instrumento cortante, afiado, nos mais diversos sentidos que isto possa ter, pertence à interpretação do metal.

Quando encontro com pessoas que se mostram muito autoritárias, lembro sempre que existe este componente em abundância dentro de sua constituição, as palavras ríspidas, a língua ferina, o inflexível, o turrão são regidos por este movimento. Os Mestres, a sabedoria também pertencem ao bem equilibrado Metal, que deixou passar os desejos, as paixões e as transformou em fonte de experiências, de conhecimento, de capacidade analítica, fria muitas vezes, mas sempre enriquecedora.

---

25.   O Lago é a Casa número 7 do I Ching, em sua forma pós-natal. A casa também se refere à filha predileta. In: WILHELM, Richard. **I Ching**, O Livro das Mutações, Ed. Pensamento.

26.   O Céu, no Pá Kuá, ou Baguá, Pós-Natal – Wei Wang, Casa 6 do Feng Shui, é que será espelhado. Também é manifestação do Metal.

O grande fole enche e esvazia ritmadamente, o movimento que cria e que "descria", traz de fora para dentro a Energia da vida, por meio de seu movimento natural. É interessante pensar que a Terra geradora tanto da respiração quanto do bombeamento cardíaco tenha por origem na realidade o Animador, que é o Espírito do Metal do Céu. As aparências enganam!

O movimento do Metal age no Plano Intermediário. Nesta parcela onde habitamos, gera em nossos corpos o Pulmão e o Intestino Grosso. O Chi vibrando dentro do espectro do Metal gera em nós manifestações concretas, como aqueles dois sistemas já mencionados e também a nossa pele, pelos e nariz.

Ele está diretamente relacionado à Alma "Po", a lua, aos ossos, que são, nesta visão, sua manifestação.

O Pulmão é o "Mestre dos Sopros". Ele conduz e o propaga pelo corpo, distribuindo ritmadamente esta energia captada do exterior, do Céu. O pulmão – Yin, liga-se ao exterior – Yang, enquanto a víscera Yang acoplada, Intestino Grosso, se liga ao Yin – interno de nosso corpo; retira a umidade das fezes e a devolve para o nosso sistema. A bexiga mantém ligação com este sistema e através dos pontos de assentimento, pontos Shu dorsais, esta energia suprirá todos os órgãos.

A "força" do Sistema do Metal, além de condensar, mantém coeso, em unidade nosso corpo. Além disso, corpo e espírito se mantêm unidos por ela. A saúde da mente, de sua integridade, a memória, a coerência também. Apesar de ser o Espírito animador, ele precisa estar associado ao fogo, que mantém com ele uma cumplicidade, o aderir do Fogo faz com que o Espírito possa se vincular ao corpo! Em MTC, eles formam o casal Yang da relação Marido-Mulher.

O Pulmão é a "tampa da panela" que, se estiver no fogo, estará sempre úmida. Quer dizer que a energia úmida proveniente de baixo, ascendente na forma de vapor, se depositará aí, mantendo este órgão, que basicamente é seco, sadio e úmido. O enfraquecimento do calor da região inferior faz com que perca a capacidade do pulmão de ser elástico, adoecendo-o. Por fim, até partes desse órgão são extirpadas em caso de diabete.

Sua ligação ao meio ambiente é feita através do nariz, da pele e pelos; a Energia Wei, de proteção, forma um campo magnético a nossa volta, evitando que ataques externos sejam possíveis.

Seu horário de maior funcionamento é o das 3 às 5, para o pulmão, e das 5 às 7h para o intestino grosso, e é quando temos mais capacidade de captar desta energia para o nosso corpo. Seu menor funcionamento é das 15 às 17h, e das 17 às 19h, respeitando a Lei do Meio Dia-Meia Noite.

Das 3 às 5h, devemos abrir as janelas para deixar entrar uma nova carga desta energia para alimentar nossas casas e corpo, arejando os ambientes e recebendo o "espírito" renovador do Céu.

A energia do Pai Celeste adentra em nossos corpos regenerando-os mais nestes horários ou quando o Outono se apresentar. No entanto, as pessoas que sofrem com falta de energia deste órgão temem este horário, por ser mais frio e também por causar os maiores desconfortos na forma de tosse. Acordar ou sentir-se mal neste horário revela problemas nesta parte de nosso corpo.

A emoção associada basicamente ao metal é a tristeza, mas sempre associamos só a negativa, lembrando que existe um lado positivo deste também, que é a análise, o pensamento lógico e a circunspecção.

A tristeza faz com que nossos pulmões se contraiam, exacerbando o movimento natural do metal e, para se evitar isso, podemos usar da alegria e da raiva para combatê-lo, ambas expansivas, respectivamente, fogo e madeira.

Pulmão e Intestino Grosso

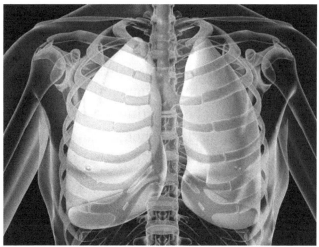

Figura 144 – Pulmão.

O pulmão é um órgão único na visão da MTC, que se liga ao exterior captando e condensando a umidade do ar. Por isso, diz-se que metal gera água. A palavra "condensar" é a função principal dele, é a unificação de algo que está disperso, assim ele puxa para si a umidade do ambiente, externo ou interno, é o que faz o pulmão em relação ao ar que está a sua volta e a umidade dele. Umidade que tanto "ama", pois é seco como seu temperamento também o é. O metal tem ligação com o espírito do Céu e mantém com ele associações de diversos níveis, é o Pai de todas as criaturas, duro, seco, como a Estação Outono, iguala-se à idade avançada do humano por ser associado à época da colheita dos frutos. O nome "pulmão" vem de Pneuma, ou Alma em grego, muito apropriada, é este Ar que nos anima, é esta Alma que nos dá vida, muito parecido com o conceito chinês que encontramos no Metal, que é o Espírito, que nos dá vida.

O metal é conciso, e a dispersão é algo que o incomoda. Seu movimento para dentro traz a ideia de compacto, unificado, muito útil a nossa percepção quando avaliamos um indivíduo que sofre pela falta desta energia em seu organismo. Por exemplo, a pessoa dispersa, aquela que não consegue manter o foco em alguma coisa por muito tempo, pode sofrer de falta de metal. Não se engane, a Terra gera o Metal; assim, uma deficiência deste movimento, ou elemento, pode ser decorrente da falta de energia daquele e também pode ser tratado ativando-lhe. Por isso, é preciso entender as relações de geração e controle além dos desdobramentos do raciocínio como um todo. Por outro lado, a prisão de ventre é um problema corriqueiro e pertence ao reino de atividades do intestino grosso, como também a diarreia, que é uma incapacidade de absorver os líquidos do bolo fecal. A pessoa que sofre tanto com um como com o problema oposto mostra que este pode estar desregulado ou muito forte e isto pode causar excesso de absorção e consequente secura do meio ou fraqueza ligada àquela incapacidade de absorção dos líquidos, o que produzirá fezes líquidas. O baço regulador da umidade também está envolvido.

Pessoas que têm dificuldades de se livrar de coisas, pensamentos recorrentes e também de apegos excessivos pessoais causam ou sofrem de problemas ligados a este movimento. O que afeta diretamente o funcionamento de ambos, órgão-víscera, mas no segundo caso, isto é muito evidente e fácil de detectar.

O Yang do Céu, este Espírito que nos dá a Vida, que nos anima, nos faz mover, é constituído de duas partes, o Fogo e o Metal, sendo o primeiro em relação ao segundo Yin e o segundo por suas propriedades, Yang. Isso quer dizer que não existe vida sem que estes dois estejam presentes, pois o Fogo tem aquela característica de grudar nas coisas, ou Aderir, como é mencionado no I Ching, sem o qual seria impossível a mescla dos dois corpos: o espiritual com o material, um adentra o outro, sem esta ligação profunda não haverá vida no corpo, vida animada pelo Espírito. Num nível muito básico, devemos lembrar que o sangue recebe o oxigênio na região do pulmão e o processo de eliminação do gás carbônico também acontece ali.

MERIDIANO PRINCIPAL DO PULMÃO – MERIDIANO TAI YIN DA MÃO

Este meridiano encontra-se na transição entre os Yang mais externos e os Yin, internos. Quer dizer, ele é o primeiro de uma série de três, sendo, portanto o mais Yang deles. Por isso, o Tai Yin da mão vincula-se assim ao seu par inferior de mesma posição, ou seja, os meridianos seguem uma mesma ordem: do mais externo ou Yang até o mais Yin, interno. Dessa forma, liga-se ao meridiano que também faz a transição de Yang para Yin, neste caso, o do baço.

O Canal de Energia Principal do Pulmão pertence ao elemento METAL/YIN, possui 11 pontos bilaterais, sendo apenas seis utilizados no Tui Ná. É indicado para o tratamento das doenças do tórax, garganta, traqueia, nariz e pulmão, gripe, resfriado e tristeza O melhor ponto para este tratamento é o P1, onde Pulmão e Baço se encontram. A este trajeto principal associa-se um trajeto, ou Meridiano Colateral, um Divergente, um Tendino-muscular e uma Região Cutânea. Liga-se ao Meridiano do Baço-Pâncreas Tai Yin do Pé, fazendo um canal unitário.

Apresento a seguir o trajeto de todos os meridianos pelo simples fato de que os utilizamos para avaliação ou diagnóstico do órgão, e também o tratamento deste. Assim, se existe desconforto, pintas, manchas, alterações tanto em nível cutâneo externo, ou mesmo áreas dolorosas profundas na região por onde este passa, está ligado a algum tipo de disfunção do órgão ou sistema. Para melhor visualização recomendo que se utilize de um Atlas dos Meridianos completo.

Trajeto:

- Região do estômago; intestino grosso; cárdia, diafragma; mediastino; envolve o coração; penetra os pulmões; emerge entre os pulmões e a garganta;

- divide-se em dois ramos: o ascendente se dispersa nas

amígdalas, e o descendente que emergirá na região infraclavicular, descendo ao longo do braço na face anterior.

- face ventral do cotovelo; do antebraço; e continua na borda radial do punho cruza a artéria radial e termina na borda ungueal radial do polegar, de onde sai um ramo secundário que vai para a extremidade do dedo indicador.

Pontos de Tui Ná

DJUN FU (P1) (Zhong Fu) Depósito Médio; Ponto de Alarme; Ponto de Entrada, união pulmão e baço;

Localização: na fossa entre a clavícula e o ombro, abaixo de P2, no espaço entre a primeira e segunda costela, seis polegadas anatômicas (pa ou tsun) do lado da linha média do corpo.

Indicações: bronquite; tosse; tuberculose; dor no Fígado; dores nos ombros e no peito; caroços nos seios. O ponto é utilizado para a eliminação de catarro[27] no corpo, não só na parte respiratória. Nâm + Rou, pode-se usar tanto um dedo apenas quanto os quatro dedos da mão.

Ponto de tristeza, podemos trazê-la à tona massageando esta localidade. O ideal é que a força utilizada não deixe marcas na pessoa, mas muitos pontos que revelam sentimentos podem causar aquelas manchas de "mágoa"; áreas arroxeadas que aparecem pelo corpo e não necessariamente ligadas a um ponto. Isto é muito comum em pessoas descendentes de populações do mediterrâneo. Notei, ao longo destes últimos 25 anos de trabalho, que as pessoas

---

27. Muitos falam em "fleuma", os dois termos podem se confundir, mas a palavra "catarro" pode ser mais simples para o entendimento. Segundo o Mestre Liu Pai Lin, o acúmulo desta secreção pode se estender pelo corpo todo e ser a fonte de inúmeras doenças; portanto, é um ponto a ser tratado sempre. Também deve-se acrescentar o conhecimento de que o sal pode fixá-lo ao corpo, dificultando a sua remoção. Outras coisas a serem evitadas são: o leite e seus derivados, além do consumo de laranja, que, por ser de natureza fria, ajuda na geração e no acúmulo desta secreção.

recolocam os bloqueios nos mesmos lugares, por isso sentem dor mesmo após alguns dias do tratamento.

TGI TZU (P5) (Chize) Charco do Pé; Ponto Ho, Movimento Água.

Localização: na linha média do cúbito, do lado medial do cotovelo, ao lado do músculo bíceps braquial.

Indicações: bronquite; artrite; dores nos ombros e nos braços, ponto usado também para obstaculizar a diarreia, utilizando o pressionar depositando peso, Nam, melhor aplicado com o polegar. Rou, Nie (se usar força paralisa o braço).

KUNG TSUEI (P6): (KUNG) – Cavidade, buraco de passagem, (TSUEI) – extremo, superior. (Kongzui) Orifício Maior, Ponto Xi, abertura do canal Tai Yin da mão.

Localização: no lado medial do braço, sete pa acima do punho, no lado ulnar do músculo braquioradial e acima do músculo pronador, ponto médio entre a linha do cotovelo e o pulso.

Indicações: adormecimento e dor nos membros superiores; adormecimento e dor nos dedos; dificuldade de contrair e expandir os braços e a mão; artrite; hemorroidas fechadas; resfriado; gripe; tosse; asma. Rou, Nie, tsou, Tsá.

Observação: a região entre o ponto P5 e o Kung Tsuei se presta a identificar o resfriado, sua profundidade dentro do corpo e também para o tratamento. Quanto mais perto de P6 for sentida a dor, maior será a profundidade da doença.

LIEH CHUE (P7) (Lieque) Garganta Estreita, Ponto Luo, União do canal Taiyin da mão, um dos oito pontos de confluência e abertura do canal Ren Mai.

Localização: 1,5 pa acima da linha do punho, entre os tendões do músculo adutor longo do polegar e do músculo extensor radial longo do carpo.

Indicações: dores nas mãos, cotovelos e ombros; rigidez no pescoço; tosse; paralisia facial, Nie.

TAl YUAN (P9): (Taiyuan) Abismo muito grande, reunião de veias e artérias, Terra, ponto do sangue arterial, ponto fonte, Movimento Terra, um dos oito pontos de confluência que se comunicam com os vasos, ponto Mestre dos Vasos. Raiz original do meridiano.

LOCALIZAÇÃO: no lado medial e radial, no fim da linha do punho, entre os tendões do músculo adutor longo do polegar e extensor radial longo do carpo, numa depressão situada externamente a artéria radial.

INDICAÇÕES: problemas respiratórios; gripe (bom); resfriado; bronquite; dores nos braços, ombros e cotovelos; dores no peito, pulmão em cima. Nie, Tsá, Tsou.

SHAO SHAN (P11) (Shaoshang), Pequeno Comerciante, Movimento Madeira, ponto Ting.

LOCALIZAÇÃO: no lado radial da unha do polegar, 0,1 pa para fora.

INDICAÇÕES: dor de cabeça provocada por sinusite ou gripe; amidalite; rouquidão; coma; epistaxe[28] (hemorragia nasal). Nie, Dien.

---

28.   Quanto ao sangramento nasal, ou epistaxe, o tratamento sugerido dentro do Tui Ná é primeiramente se deixar sangrar um pouco, depois inclinar a cabeça para trás e apertar com o polegar o ponto na linha média do corpo, no Vaso Governador (Du Mai) VG23, Shangxing, localizado uma polegada acima da linha do cabelo.

MERIDIANO DO INTESTINO GROSSO – MERIDIANO YANG MING DA MÃO

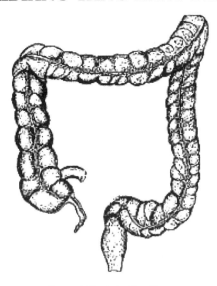

Figura 145 – Intestino Grosso.

As vísceras sob a óptica da MTC são menos importantes que os órgãos, pois estes, ao contrário daquelas, é onde residem as Almas Vegetativas, os Ben Shen. Mas nem por isso podem ser esquecidas ou desprezadas. Esta parte do binômio YINYANG possui a capacidade de gerar a energia em contraposição aos órgãos que as armazenam[29].

O canal de Energia Principal do Intestino Grosso, Figura 145 é utilizado para o tratamento das afecções da face, olhos, nariz, boca, gengivas, garganta, intestino grosso na relação entre os Cinco elementos. Este meridiano corresponde ao elemento METAL YANG e tem 20 pontos bilaterais, sendo apenas 9 para o Tui Ná. Associa-se ao intestino grosso, conecta-se ao pulmão e une-se ao estômago.

A este trajeto principal associa-se um trajeto Colateral, um Divergente, um Tendino-muscular e uma Região Cutânea. Liga-se ao Meridiano do Estômago Yang Ming do Pé.

---

29. Ver Pequeno Tratado de Medicina Esotérica Chinesa, do mesmo autor e Ed. Ícone.

Serve também para tratar de pessoas que não conseguem se livrar de apegos e pensamentos.

Trajeto:

- Começa na borda ungueal do dedo indicador; segue pelo 1º e segundo metacarpos, ao nível do punho; segue ao longo da face anterolateral do antebraço, cotovelo; sobe pelo braço, indo para a face lateral do ombro; cruza o ombro, segue pela margem anterior do acrômio; pela margem superior da escápula, até a sétima cervical; penetra interiormente reaparecendo na fossa supraclavicular;

- ramifica-se em dois, um segue para o pescoço, atravessa a mandíbula e penetra na gengiva, margeia o lábio, une-se ao ramo oposto no filtrum, terminando no lado oposto da asa do nariz. O outro penetra na cavidade torácica, conecta-se com o pulmão, atravessa o diafragma e se dispersa no intestino grosso, desce até o ponto E37, constituindo o ponto HO, ponto de união inferior.

Pontos de Tui Ná

SHANYANG (IG1): Movimento Metal. Yang de Mercador, Ponto Ting.

Localização: no lado radial do dedo índex, 0,1 pa posterior e radial no leito ungueal.

Indicações: Hemorragia nasal em crianças; azia; comer demais e ter ânsia de vômito; vômito; enjoo; inflamação e infecção na boca; dor de dente; dor nos ombros; mal-estar no coração. Nie e Tsá.

Ótimo ponto de tratamento para mal-estar ligado à inapetência, em associação com o ponto E45 auxilia nas dores de cabeça situadas atrás dos olhos e também na eliminação de impurezas e intoxicação por ingestão.

ER DIEN (IG2): (Er Jian) Segundo Intervalo, Ponto da Tranquilidade Abdominal, Iong, Movimento Água.

LOCALIZAÇÃO: fechando a mão na depressão anterior do lado radial da articulação metacarpofalangeana do segundo dedo.

INDICAÇÕES: intestino preso; fezes ressecadas; dores nos braços e ombros, dor de cabeça; dor por mãos contraídas. Nou, Nie, Tsá;

Como é um ponto muito pequeno, pode-se usar o IG3[30]; logo a seguir, na lateral interna da mão, para umidificar e resfriar, com Nâm, a exemplo do IG2.

HO KU (IG4): (Hegu) União dos Vales, ponto fonte. Em mulheres grávidas não estimular esta ponto. Raiz original do meridiano.

LOCALIZAÇÃO: no lado dorsal da mão, entre o primeiro e o segundo metacarpos, no meio do primeiro músculo interósseo dorsal, no ponto mais alto do músculo.

INDICAÇÕES: para qualquer problema na cabeça; hemorragia nasal em crianças; faringite; rinite; sinusite; asma; bronquite; dores de cabeça e dente; pus na gengiva ou na boca; zumbido nos ouvidos; adormecimentos e dores nos ombros e braços; mãos contraídas (dor). Nie.

É um ponto que serve para uma enormidade de utilidades, como tratar:

- olhos e visão, ouvido e audição, garganta, incluindo tosse, rouquidão, fala, problemas na língua, boca e suas comissuras, nariz, coriza, sangramentos inclusive.

- problemas ligados à mulher, como menstruação irregular, regulando tanto o fluxo quanto sua duração e o prazo entre elas.

- mal-estares estomacais etc.

É um ponto que pode ser usado em Arte Marcial e uma de suas finalidades é a de causar desmaio. Dessa forma, deve-se ter cautela em se colocar muita força neste ponto para não "desligar" o paciente.

---

30. Localização de IG03 – no lado dorsal da mão, no lado radial do segundo metacarpo, na depressão atrás da segunda junta metacarpofalangeana.

YANG SHI (IG5) (Yangxi): Corrente Yang, Movimento Fogo, King.

Localização: Tabaqueira anatômica, na junção da mão com o punho numa cavidade ao levantar o polegar e alongar o indicador.

Indicações: Pressão alta (excelente); dores de cabeça, peito, ombros e pulso; conjuntivite; zumbido nos ouvidos; surdez; dor de garganta; amigdalite. Rou, Nie, Tsá, Iaô.

Para baixar a pressão arterial, um bom método é pressionar com ambos os polegares em ambas as mãos do paciente, durante aproximadamente 10 segundos. Não serve como um tratamento, mas ajuda a diminuir momentaneamente a P.A..

Em associação com o ponto BP5, serve para baixar a pressão arterial, que persiste após a utilização do IG5 somente.

WEN LIOU (IG7): WEN – calor, LIOU – fluir. **(Wenliu)** Corrente Quente, Xi, ponto de abertura do canal Yangmin da mão, Xi.

Localização: cinco pa acima do punho, no lado dorso-radial do antebraço, entre o músculo abdutor longo do polegar e músculo extensor radial curto do carpo.

Indicações: dores de cabeça, dente, ombros e braços; paralisia infantil; distúrbios nos ouvidos; amidalite; acidez estomacal.

SHOU SAN LI (IG1O): ponto das 3 léguas do braço.

Localização: dois pa abaixo do cotovelo, no lado dorso-radial do antebraço, entre o músculo extensor radial longo do carpo o músculo braquiorradial.

Indicações: paralisia, cansaço, inchaço e dor nos braços; dor nos ombros; gânglios linfáticos. Nie, Rou, Tsá.

Massagem: não fazer massagem nesse ponto em crianças até seis anos, porque impede seu crescimento normal, tirando o apetite.

Manobras, Rou, Dien, Tsá.

É outro ponto de extrema importância na MTC. Na maior parte dos casos, podemos usar este ponto, tanto por ser um tipo de coringa, como por ativar a pessoa, dando-lhe um aumento do tônus.

As pessoas deprimidas devem se utilizar sempre dele, pois ajuda a equilibrar suas forças; as pessoas cansadas em geral também.

É um importante auxiliar para tratar dos "carentes", tanto de energia quanto das necessidades de atenção. É o ponto da carência no braço.

TÜ TGE (IG11) (Quchi): Tanque Falso, ponto da precisão mental, Movimento Terra, ponto Ho.

LOCALIZAÇÃO: No lado radial do cotovelo, no músculo braquiorradial, dobrando-se o cotovelo, na depressão radial, no fim da linha cubital.

INDICAÇÕES: Pressão alta; dores nos cotovelos, joelhos e fígado; perda de força nos cotovelos; dor nos ombros; inchaço nas mãos; amidalite; gengivite; eczema (inflamação não infecciosa da pele); dermatite; reumatismo; febre; problemas no sistema nervoso. Nie, Rou, Tsá.

MASSAGEM: Aplicando Tui Ná com força nesse ponto, paralisará o braço e até o corpo, porque está ligado a todos os nervos.

DIEN SHU SHUE (IGl5) (Jianyu): Osso Yu do Ombro.

LOCALIZAÇÃO: Em cima do ombro, na borda lateral do acrômio, depressão anterior.

INDICAÇÕES: Derrame com problema de paralisia nos braços; fraqueza e dificuldade para levantar os braços; bursite. Dien, Nie, Kou, Nam, Rou, Pa'i.

YIN CHAN (IG2O) Yin Chan (Yingxiang): Fragrância Bem--Vinda, ponto da hipófise, ponto da Luz Solar Yang, não usar moxa.

LOCALIZAÇÃO: No encontro da linha inferior do nariz e da linha nasolabial.

INDICAÇÕES: Trata de problemas olfativos, ajuda a liberar as fossas nasais. Dien, Rou.

O ponto pode ser usado isoladamente, mas seus resultados serão favorecidos na questão de liberação das fossas nasais se forem utilizadas as manobras de assoar o nariz com as mãos, pertencentes às massagens na cabeça.

 A Terra

É o movimento central da MTC. Todos os outros movimentos são gerados, formados por ele, e por isso têm uma relação direta com a saúde destes.

Em contraposição à virtude do Céu, que é a geradora da vida, temos a Terra, que é a "acolhedora" destas virtudes, é a senhora da forma que gera a todas as outras. O I, que está associado à memória, à qualidade do propósito que formaliza, que dá corpo ao pensamento, reconstrutor e mantenedor ligado à nutrição.

Nossos corpos pertencem totalmente a esta manifestação, forma, corpo, materialidade é Terra, por isso rege nossos corpos, seu movimento duplo, centrípeto e centrífugo gera o pulsar da vida. Os músculos são a parte mais importante associada a este movimento. Em muitos textos encontramos que os músculos são ligados à Madeira (Yin), não estranhe. Esta frente ao Metal (Yang) é a parte física da União Celeste-Terrestre ou União Espírito (Metal) Matéria (Madeira). Portanto, dependendo do conjugado, as coisas podem mudar? Esta é uma peculiaridade do pensamento chinês.

A Terra apresenta-se exteriormente na boca, e seu horário de maior funcionamento é das 7 às 9h, para o Estômago, e o de menor funcionamento, das 19 às 21h. Para o Baço-Pâncreas das 9 até às 11h, enquanto o de menor funcionamento é das 21 às 23h. A época do ano onde esta energia está mais presente é aquela do fim do verão, ou verão tardio, mas entre cada uma das outras estações do ano ela também se apresenta. Isso é uma verdadeira confusão para nós, ocidentais, e devido a isto ocorrem muitos erros quanto à aplicação das cinco Estações Chinesas no Ocidente, errando, portanto, a identificação da estação em que estamos e de como usar pontos de Natureza ou Shu Antigos.

O fim do verão é a época do ano em que ocorre a maior quantidade pluviométrica, seguida apenas pelos espaços entre as estações, quando isto volta a ocorrer. A umidade é a energia regente desses períodos.

Em várias literaturas, encontramos o período de 18 dias, em quatro períodos, num total de 72 dias, mas realmente isso não ocorre devido a ajustes. A estação chinesa tem duração de 73 dias e 75 minutos, e os últimos 10 pertencem também à energia úmida da Terra, enquanto a nossa tem duração de três meses. A nossa começa com o Solstício de Inverno ou de Verão ou Equinócio de Outono ou Primavera, enquanto a deles o ápice da estação equivale a estas datas. Assim, quando a nossa está começando, a deles está no meio e se encaminhando para terminar, incoerências que os ocidentais não sabem.

O movimento característico da Terra é tido como Neutro, mas o que acontece é que, por ter dois movimentos antagônicos entre si, ela anula o movimento dos demais. A Terra é responsável por mudar a direção dos outros movimentos, só ela faz isso. Nesse sentido, usaremos sempre a Terra para promover o tratamento em qualquer paciente quando necessitarmos alterar o rumo dos outros, tanto em excesso quando em deficiência.

Sua cor é o amarelo, o sabor é o doce encontrado nas frutas suculentas do verão tardio, quando ocorre mais chuva.

A preocupação e os processos mentais devem ser atribuídos a ela. A simpatia, que é o sentimento de ligação, pivô central, faz tudo girar em torno dela, em especial nos relacionamentos. É a Mãe, ponto central da casa, e que se relaciona a todos os filhos e o marido, além das outras pessoas.

Esta Terra divide-se em nós de duas formas básicas, a do órgão e da víscera, que é o Estômago, que analisaremos agora.

Para manter uma coerência, apresento agora o Estômago, sigo a lógica das horas[31] do dia: Metal – Pulmão, Yin seguido pelo

---

31. O Dia, portanto, começa com a manifestação da Energia do Céu – Metal às 3h da manhã.

Intestino Grosso; e depois pela Terra – Estômago, Yang que deverá ser seguido pela Terra – Yin, Baço/Pâncreas. E seguirá assim YinYang de um sistema seguido por YangYin de outro.

O Estômago

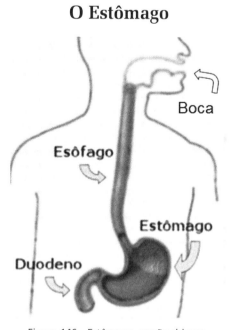

Figura 146 – Estômago, versão chinesa.

O Estômago é um "tubo" onde são processados os alimentos, assemelha-se a uma fornalha, portanto, existe um calor inerente a ele que deve ser preservado, mas que pode esfriar ou esquentar demais, gerando desequilíbrios em suas funções. Lembre-se de que a extensão dele segundo a MTC vai desde a boca até o duodeno (Figura 146).

É muito afetado principalmente pela preocupação, um desgaste emocional muito comum nos homens e que pode resultar em ferimentos na estrutura do estômago, a conhecida gastrite. Por ser muito vascularizado e por ter aquele fogo dentro dele sempre aceso, tem muito sangue ali e é muito comum o sangramento daqueles ferimentos. É o único caso quando se encontrando este sangramento não se tem uma preocupação demasiada, isso quando se verifica, via Análise Energética através dos Pulsos Radiosos, ao se mostrar "oco" revela isso. Deve-se, no entanto, encaminhar a pessoa para verificação junto a um médico ocidental.

Por abranger a primeira parte do intestino delgado, seguindo a visão da MTC, entende-se o porquê de tanto fogo e de tanto sangue. Ali é gerado o sangue e a principal transformação dos alimentos neste material importante que se transformará em matéria, corpo humano.

MERIDIANO DO ESTÔMAGO – MERIDIANO YANG MING DO PÉ

O Canal de Energia Principal do Estômago é utilizado para o tratamento das afecções da face, olhos, nariz, boca, garganta, estômago, intestinos, doenças mentais e febris – é só acompanhar seu trajeto para esta compreensão. É um meridiano do elemento TERRA/YANG, possui 45 pontos bilaterais e 17 são utilizados no Tui Ná, está associado ao estômago, e conecta-se com o baço/pâncreas, une-se ao coração e intestinos.

A este trajeto Principal associa-se um trajeto Colateral, um Divergente, um Tendino-muscular e uma Região Cutânea. Liga-se ao Meridiano do Estômago Yang Ming da Mão.

Abro um grande parêntese aqui para lembrar que ao estômago se encontra associado um Meridiano de nome Grande Lo do Estômago, Xu Li, que é responsável pela bomba cardiorrespiratória, movimento nascido no músculo ancestral que fica na região pélvica e que se abre no meio do peito em Shan Zhong (RM17). Também rege a retirada de todos os líquidos das pernas e evita o desgaste tanto do próprio coração como dos rins. É de suma importância este conhecimento e deve-se salientar que o Treino Tai Chi Nei Kung, ensinado a nós pelo Mestre Liu Pai Lin, ativa e revive esta parte esquecida de nosso corpo. Só esta prática pode ajudar no tratamento de diversas doenças, auxilia o retorno venoso, a movimentação do líquido linfático, o tratamento das varizes, hemorroidas, impotência, frigidez, falta de circulação, fraqueza, pernas cansadas, inchaço, problemas no útero e próstata. Ajuda a restabelecer a Circulação Microcósmica, fazendo com que o Chi penetre a cabeça, a umidade alcance as alturas de nosso Céu interior, supra com ela todas as estruturas cerebrais e mantenha a saúde desta região e dos outros dois Grandes Tân Tiens, do centro e baixo ventre e de suas estruturas.

Trajeto:

- Começa no lado do nariz; sobe para a raiz do nariz, onde se reúne ao canal da bexiga; desce lateralmente, penetra o lábio superior, reunindo-se no filtrum com o Du Mai; rodeia a boca; comunica-se com o Ren Mai, no queixo; segue pelo ângulo da mandíbula; percorre a parte anterior da orelha; segue ao longo da linha do cabelo; intercepta o canal principal da vesícula biliar (VB6); toma o sentido horizontal, seguindo a linha dos cabelos e unindo-se ao Du Mai;

- Um ramo desce da mandíbula pelo pescoço, penetrando na fossa supraclavicular (1), desce até a região cérvico-dorsal, unindo-se ao VG14, penetra a cavidade torácica, atravessa o diafragma, vem para a parede anterior do abdômen, conecta-se ao VC13 e ao VC12, antes de se comunicar ao estômago e baço/pâncreas, do piloro desce pela face anterior da coluna e emerge na região inguinal;

- (1) da região supraclavicular desce pela face anterior do tórax, em direção ao mamilo, descendo paralelamente a linha do abdômen até a região inguinal, onde vai se unir ao ramo profundo, segue pela face anterior da coxa, patela, lateralmente pela tíbia, dorso do pé e termina na borda ungueal do segundo pododáctilo;

- um ramo secundário sai do E36 e termina na borda ungueal do terceiro pododáctilo;

- outro ramo separa-se de E42 e termina na borda medial do hálux, onde se conecta ao canal do Baço/Pâncreas.

Pontos de Tui Ná

TCHEN THI (E1): O THI tem sentido de choro, porque quando as lágrimas caem passam por esse ponto. **(Cheng Qi)** Cabeça Ligada.

Localização: Na pálpebra inferior entre o globo ocular e a borda do osso infraorbital, na linha vertical da pupila.

Indicações: Dor nos olhos; olhos vermelhos; zumbido nos ouvidos; tontura, surdez; paralisia facial, pessoas que não conseguem falar depois de um derrame. Rou, Tsá,

SE BAI (E2) (Sibai) Borda Inferior: O SE significa 4 e o BAI, branco, isto é, representa as escleras externa e interna.

Localização: Abaixo de E01, no forame infraorbitário.

Indicações: Olhos avermelhados; conjuntivite; catarata; dor de cabeça; tonturas; perda de fala por causa de forte tontura. Derrame com incapacidade de falar; paralisia facial; espasmo facial. Rou, Tsá.

DI TSÁN (E4) (Dicang): Recebe Lágrimas.

Localização: 0,4 pa do ângulo da boca.

Indicações: Paralisia facial, boca torta por derrame (puxar as bochechas); hipersalivação; inchaço nos pés (rins-baço). Rou, Tsá.

TIA TCHE (E6) (Jiache): Osso Grande.

Localização: Acima e à frente do ângulo inferior da mandíbula, com a distância de um dedo, onde se forma a proeminência do músculo masseter, quando cerrados os dentes.

Indicações: Problemas nas arcadas dentárias; dor de dente; dor nas laterais do pescoço; problema e dor nos ossos; problema no Sistema dos Rins. Rou, Tsá.

SHIA GUAM (E7) (Xia Guam): Celeiro da Terra.

Localização: Na depressão inferior do arco zigomático e

anteriormente ao côndilo mandibular.

INDICAÇÕES: Limpa o pus do rosto; dormência ou insensibilidade na mandíbula e no rosto; dores de dente e ouvidos; problemas nas arcadas dentárias, dor na lateral do pescoço. Rou, Tsá.

RUN YIN (E9) (Renying): Homem Bem-Vindo.

LOCALIZAÇÃO: A 1,5 pa do pomo de Adão.

INDICAÇÕES: Pressão alta; desmaios; crise respiratória; falta de ar. Rou, Tsá.

SUEI TIU (E10) (Shuitu): Água Esvaindo.

LOCALIZAÇÃO: Entre os pontos E09 e E11, no lado anterior do músculo esternoclidomastóideo.

INDICAÇÕES: Expansão do globo ocular devido a problema na Tireoide. Rou, Nie, Tsá.

JU KAN (E18) (Rugen): Janela da Mama, Ponto de alarme da Vesícula Biliar. Movimento Metal. Esse ponto tem ligação com o meridiano do Pulmão.

LOCALIZAÇÃO: No quinto espaço intercostal abaixo do mamilo.

INDICAÇÕES: Bronquite; mastite; inchaço nas mamas. Rou, Tsá, Nam, Mo.

CHIN TZU (E25) Chin Tzu (Tianshu): Pino Celestial, Ponto de alarme do IG, não utilizar moxa em mulher grávida.

LOCALIZAÇÃO: A 2 pa do umbigo.

INDICAÇÕES: Disenteria; diarreia; cólica intestinal; mioma uterino; cólica menstrual. Rou, Tsá, Nam, Mo.

LIAM TCHOU (E34) Liam Tchou (Liangqiu) [32]**:** Dique de Viga, ponto de abertura (Xi) do Estômago.

LOCALIZAÇÃO: 2 pa acima da borda súpero externa da Patela.

INDICAÇÕES: Dor de Estômago (bom); má digestão; diarreia; gastrite; mastite; problema nos joelhos. Rou, Tsá, Nam, Mo.

TSU SAN LI (E36) (Zuzanli): Ponto das 3 Léguas da Perna, Ponto da Objetividade Divina, Ponto Ho. Movimento Terra. Ponto muito importante para manter a saúde, união inferior. Ponto de União do meridiano YANG do Estômago. SAN - 3, LI - medida. É um ponto que seda o Filho (Terra) para preservar a saúde da Mãe (Fogo).

LOCALIZAÇÃO: Entre o músculo tibial anterior e o músculo extensor longo dos dedos, 1 pa para fora da crista da Tíbia.

INDICAÇÕES: Hérnia de hiato; arroto constante; soluços provocados por mal-estar; dor e úlcera no estômago; ajuda o estômago caído; tonifica as energias do baço e do estômago; dores nos rins e na cintura; dor e inchaço nas pernas; cansaço ao andar, porque fortalece os tendões, cansaço de forma geral; gripe, resfriado; carência de energia e/ou afetiva; caroços nos seios. Dien, Nie, Rou, Tsá.

MASSAGEM: Se for aplicado o TUI NÁ com muita força nesse ponto, em crianças até 6 anos, pode afetar seu desenvolvimento.

Este é mais um daqueles pontos que se prestam a muitos objetivos, pois ajuda de uma maneira geral a saúde do paciente e também complementa todos os outros pontos, dando-lhe um aumento de sua potência.

Serve para aumentar a disposição geral. É também um ponto de carência muito importante, mais até que o do braço. Dessa forma, seus efeitos são mais prolongados e de maior alcance.

---

32. Indico muitas vezes nomes diversos porque em muitos livros e também em aula isto acontece, e para não restar dúvida os apresento.

SHAN TI SHÚ (E37) (Shangjuxu): Grande Vazio Superior, Ponto união inferior, Ho, do IG. SHAN significa superior.

LOCALIZAÇÃO: 3 pa abaixo do E36, no lado anterior lateral do músculo da Tíbia.

INDICAÇÕES: Estimulante; trata dores e adormecimentos nas pernas e nos pés; dificuldades de expandir e contrair as pernas; dificuldade de ficar em pé; limpa o pus dos pés e das pernas; acidez estomacal. Nie, Dien.

SHIA TI SHÚ (E39) (Xiajuxu): Grande Vazio Inferior, Ponto Ho inferior do IG. SHIA significa inferior.

LOCALIZAÇÃO: 3 pa abaixo de E37, ou 6 pa abaixo de E36.

INDICAÇÕES: Paralisia das pernas e pés; dor nos calcanhares. Kou, Rou, Nie.

FEN LUN (E40)(Fenglong): Esplendor Abundante, Ponto Luo do Estômago, Ponto da Palavra Tranquila.

LOCALIZAÇÃO: 5 pa abaixo de E36, 1 pa para trás (8 polegadas abaixo do joelho).

INDICAÇÕES: Obesidade por retenção de líquidos e gorduras; má digestão; tosse com muito catarro; hipertensão; edema e inchaço nas pernas; ânsia e desintoxicação. Nam.

TSUN YANG (E42) (Chongyang): Arremetida Yang, Ponto fonte, Ponto da Perfeita Tranquilidade. Raiz original do meridiano.

LOCALIZAÇÃO: 1,5 pa abaixo de E41, ao lado da artéria dorsal do pé,(E41 fica no ponto médio do tornozelo, acima do ligamento cruciato, entre os tendões do músculo Extensor Hálux Longo e o Extensor Longo dos dedos).

INDICAÇÕES: Dor no pé, dor de dente, anorexia. Nie, Rou.

NEI TING (E44) (Neiting): Pátio da Corte Inferior, Movimento Água, Ponto Iong, manancial.

LOCALIZAÇÃO: Entre o segundo e terceiro dedos do pé, na frente das juntas metacarpofalangeanas.

INDICAÇÕES: Intoxicação alimentar; ânsia de vômito, com mal--estar no coração; azia; enjoo; bocejo em excesso[33]; inchaço no rosto; estimulante. Nie, Rou, Iao.

LI TUEI (E45) (Lidui): Acordo Difícil, Ponto Ting, Movimento Metal. LI – força, TUEI – alegria. Este ponto estimula todos os meridianos e tem a função de desagregar as toxinas.

LOCALIZAÇÃO: 0,1 pa do leito ungueal externo do segundo pododáctilo.

INDICAÇÕES: Ânsia de vômito por intoxicação alimentar; desagrega as toxinas do corpo; indigestão; vontade de desmaiar; tontura provocada por eliminações irregulares; gengivite; amidalite; inchaço no rosto; dor de cabeça frontal; excesso de sonhos. Nie.

---

33. Bocejo, segundo o Mestre Liu, significa falta de energia proveniente dos rins na região da cabeça, que não consegue chegar, pelas costas, até este lugar.

O Baço-Pâncreas

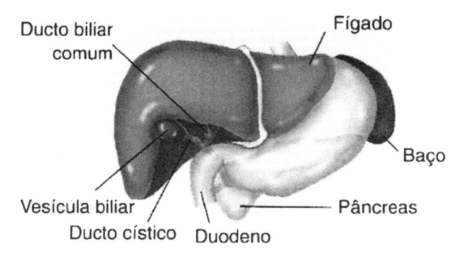

Figura 147 – Baço/Pâncreas.

O Baço é o Órgão Central da Medicina Chinesa e, como tal, deve ser encarado, como aquele pivô central de onde tudo emana e para onde tudo deve retornar, é o harmonizador universal de todos os movimentos. É o eixo do motor de todo o corpo e que está sempre em movimento. Atrai para si as potências de todos os outros setores para equitativamente dividir de acordo com as necessidades de cada um, é a mãe dentro do corpo humano.

Existem duas Terras dentro da óptica chinesa, uma delas é a Mãe, a outra apenas uma dentre os filhos. A primeira gera todos os movimentos, inclusive a ela própria. Em relação às disposições do Céu Posterior, podemos ver que existem mesmo três tipos de manifestação da Terra, a Mãe, e duas filhas, sendo expressos por: a casa central de número 5, a casa 2 da própria terra e a casa 8 ligada à montanha. Em suma, existe o corpo como um todo = Terra, centro, o Baço = terra e as montanhas, músculos.

O baço tem a função da circulação da essência do coração pelo corpo através do sangue.

MERIDIANO DO BAÇO – MERIDIANO TAI YIN DO PÉ

O Canal de Energia Principal do Baço/Pâncreas é utilizado para tratar as afecções do tubo digestivo, sistema reprodutor e hematológico, e para enfraquecimento de memória e preocupação. "A Energia dos órgãos não caminha só por um caminho, circula pelo corpo comunicando-se com outros órgãos."

O Baço é um órgão do elemento TERRA/YIN. Seu meridiano possui 21 pontos bilaterais, 11 utilizados em Tui Ná, sendo o mais importante no tratamento de problemas nas mulheres. Este meridiano está associado ao baço/pâncreas e une-se ao estômago, sua víscera acoplada, ao coração, pulmão e intestinos.

A este trajeto Principal associa-se um trajeto Colateral, um Divergente, um Tendino-muscular e uma Região Cutânea. Liga-se ao Meridiano do Pulmão, Tai Yin da Mão.

Trajeto:

- começa na borda ungueal do hálux; segue margeando a borda interna do pé; em frente ao maléolo medial; margeando a borda posterior da tíbia; cruza o meridiano do fígado; passa pela borda medial do joelho e coxa; penetra o abdômen, emergindo no VC3; segue para o VC4; depois pela parede anterolateral do abdômen; penetra a cavidade abdominal, indo para o baço/pâncreas e estômago; atravessa o diafragma, e na face anterolateral do tórax cruza com os pontos VB24 e F14; sobe cruzando o ponto P1 e vai para a parte superior do esôfago, alcançando a raiz da língua, onde se dispersa;

- Um ramo sai do BP atravessa o diafragma e liga-se ao coração.

Pontos de Tui Ná

YIN BAI (BP1) (Yinbai): Branco Secreto, Ponto Ting, Movimento Madeira.

Ponto de reunião da carne vermelha e branca (BAI).

LOCALIZAÇÃO: 0,1 pa póstero-medial do leito ungueal.

INDICAÇÕES: Intestino preso; fezes ressecadas; menstruação hemorrágica; menstruação intermitente; hemorragia pré-menstrual; desmaios (quando uma pessoa estiver prestes a desmaiar) e/ou entra em estado de coma, deve-se estimular esse ponto que irá fazer manifestar a Energia Verdadeira do meridiano do Pulmão; sonolência; tendência a ter muitos sonhos. Nie, Iao, Tsá.

DA DU (BP2) (Tsu Ta Tu): Grande Capital, Ponto Iong, Movimento Fogo, ponto para diabetes, não insulino dependentes. Significa algo grande provocado por um bloqueio.

LOCALIZAÇÃO: Ao lado do dedão do pé, na união de peles clara e escura, na parte ântero-inferior da articulação metatarsofalangeana.

INDICAÇÕES: Barriga inchada; enjoo; vômito, dor nos rins. Nie, Tsá. Em mulher grávida não se pode massagear este ponto.

TAI BAI (BP3) (Taipai): Brancura Suprema, Ponto arroio, Ponto Fonte, Ponto de equilíbrio e da alegria, Movimento Terra. Raiz original do meridiano.

LOCALIZAÇÃO: Na parte póstero-inferior da articulação metatarsofalangeana, na união claro-escuro da pele.

INDICAÇÕES: Paralisia; dormência ou dores nas pernas e pés; gota (muito ácido úrico); artrite nos pés; cólica abdominal. Nie, Tsá.

GUN SUN (BP4) (Gongsun): Neto do Príncipe, Ponto Luo, União, um dos oito pontos de confluência, ponto de abertura de Chong Mai.

LOCALIZAÇÃO: Na depressão encontrada, a borda anteroinferior do primeiro metatarsiano.

INDICAÇÕES: Dor de estômago e intestino; acidez estomacal, gases, azia e todos os problemas digestivos; náusea; vômito; diarreia; gota; menorragia; calor e dor no centro das solas dos pés; falta de apetite (não gosta de comer); falta de energia. Nie, Tsá.

SHAN TIOU (BP5) (Shangqiu): Barreira do Mercador, Ponto King, Movimento Metal, Ponto do Sono Tranquilo. O TIOU representa um pequeno morro. O nome refere-se ao ponto reflexo da Linfa Inferior.

LOCALIZAÇÃO: Na fossa anteroinferior do maléolo medial.

INDICAÇÕES: Dor no baixo ventre; problemas genitais; menstruação irregular; cólicas menstruais; hemorragia; estagnação de sangue causado por uma torção no pé; hipertensão; insônia; dor de dente; inflamação nas gengivas; infecção e coceira na região dos órgãos genitais; dilatação da próstata e dos testículos. Nie, Tsá.

Mulheres acumulam impurezas nesta região; por isso, deve-se atuar neste ponto.

No caso de homens, a dor nesta região pode significar desvio de sêmen para esta região (praticantes de tantrismo de forma errada pode ter estas dores em consequência disso).

SAN YIN DIAO (BP6): Ponto de reunião dos 3 (SAN) meridianos YIN (rim, baço e fígado). Ponto Mestre do Sangue, Ponto Tranquilizador e Fortificador.

LOCALIZAÇÃO: 3 pa acima do maléolo medial na borda póstero-medial da tíbia.

INDICAÇÕES: Problema e irregularidades menstruais (usar associado ao ponto de útero e ovários); problemas nos órgãos genitais; problema no baço; problemas ou dor nos rins; menopausa precoce; dor nos seios; frigidez nas mulheres; feridas nas pernas; dormência nos membros inferiores; dor ciática; reumatismo.

Utilizar mais tonificação e menos sedação. Tomar cuidado para não pressionar demais, se não seda. Dien, Rou.

Mulheres grávidas não devem receber massagem nesse ponto, senão poderá ser lesado o feto.

ROU GU (BP7) (Lougu): Vale Avariado (vazamento), Ponto Lo.
Localização: 6 pa acima do maléolo medial na borda posterior da Tíbia.
Indicações: Dormência nas pernas; problemas; dores; ponto diurético; pés frios; inchaços e dormência nos joelhos; tornozelos e pés. Rou, Dien.

DGI TGI (BP8) (Diji): Motivador da Terra, Ponto Xi. **DGI** (Terra) Representa os Órgãos genitais, principalmente das mulheres. Por isso, o ponto DCI TGI possui uma relação com o centro YIN, o Yin Tchao.
Localização: 5 pa abaixo do joelho, na borda posterior da Tíbia.
Indicações: Cólicas menstruais, ponto especial para estes tratamentos; problemas de corrimento; ejaculação precoce ou involuntária; dores nos rins, útero e ovários; dor no estômago; obesidade. Dien, Rou.

YIN LIN QUAN (BP9): Fenda da Barreira Yin, Ponto Mar, Ho, Ponto Mestre da Circulação Venosa, Movimento Água.
Localização: Na depressão entre a borda posterior da Tíbia e os músculos gastrocnêmicos.
Indicações: Problemas menstruais e do sêmen; dificuldade em engravidar; dor e inchaço nos joelhos; dor nos Rins; problema urinário; facilita a descida da urina; dor de barriga: acidez; artrite; dor nas pernas. Dien, Tsá, Rou.

XUE HAI (BP1O): Mar de Sangue.
Localização: a 2 pa acima da patela ao lado do músculo vasto medial. Colocando-se a palma da mão sobre o joelho do paciente, o ponto estará na ponta do seu dedão.

INDICAÇÕES: Mulheres na fase da menopausa; mal-estar devido a menopausa; menopausa precoce; problemas de cólicas e atrasos menstruais; regras irregulares; problemas de sangue; má circulação de sangue; dissolve sangue parado na parte inferior do corpo; furunculose; alergia urticária. Dien, Tsá, Rou.

FU NAI (BP16): FU – barriga, NAI – triste. Sofrimento do abdômen.

LOCALIZAÇÃO: 4 pa lateralmente ao umbigo e 3 pa acima dele.

INDICAÇÕES: Problema de diabete e barriga fria, sujeito a diarreia; má digestão; dor de barriga. Rou, Nam, não pontuar, fazer massagem nos dois lados.

O Fogo

O Fogo não é único em nós, ele se desdobra em dois, o Fogo Imperial e o Fogo Ministerial. O Fogo Imperial apresenta-se como o Coração e o Intestino Delgado, enquanto o Fogo Ministerial se apresenta como o Triplo Aquecedor e o Pericárdio.

O primeiro é o próprio Céu em nós; o segundo é um emissário que vem cumprir um papel de extrema importância, como um Ministro que é enviado do Céu para representá-lo neste Plano Terrestre, mais precisamente dentro de nós. Este ministro segue as "orientações" ditadas pelo Imperador e deve constituir um novo "território", nossos corpos, para que este novo "súdito", Eu ou Você, tenha onde se manifestar, e manifestar os ditames do Imperador.

O Fogo Imperial

O Fogo Imperial está associado aos Ben Shen, Almas Vegetativas, que são em número de cinco; no Coração, encontra-se a Morada Original/Final destes "Espíritos do Céu" que nos caracterizam e nos moldam segundo suas características, isto já na fecundação, como seres individualizados, particulares. Dito isso, podemos, portanto, inferir que a qualidade e a forma de cada uma das suas "aparências" são extremamente particulares e devidas aos Ben Shen.

Na volta, ou na dissolução do Ser, estas Almas retornam para o coração para partir, quer dizer que é o local da primeira morada e da última também.

O Shen próprio do coração é o próprio Shen; os outros, também chamados de Shen, são: **I que vai "morar" no Baço, o Po no Pulmão, o Hun no Fígado, Tche no Rim** e é assim que estas Almas Vegetativas, com suas peculiaridades, nos moldam em criaturas únicas.

O Fogo dá vida, leva, irradia a todas as partes de nossos corpos esta energia vivificante. Manifesta-se no coração e no intestino delgado, na língua, que é seu "broto", a estação do ano é o Verão, pelo seu calor extremo, a cor é o vermelho, o sabor é o amargo das coisas queimadas.

A alegria é a emoção regente, pois vida é alegria. Os vasos sanguíneos são os caminhos do sangue que renovam a vida espalhando-a; dessa forma, estão vinculados a este movimento.

A direção é o Sul[34], região onde se observa melhor o Sol em seu trajeto anual.

A primeira manifestação a ser estudada é a do próprio coração, morada original, e final das Almas constituintes de nossos corpos.

---

34. O posicionamento está vinculado à observação feita pelo Imperador Mitológico que percebeu o "Sistema" que estamos estudando; assim, o Leste estará à esquerda do observador, o Sul à sua frente, o Oeste à sua direita e o Norte às suas costas. Todas as possíveis implicações deste posicionamento são carregadas junto ao modo de pensar da MTC. Deve-se lembrar, no entanto, que para o pensamento chinês tudo deve ser invertido por projeção; assim, a Energia proveniente do Leste se manifestará no Oeste, da esquerda para a direita, e ali percebida, este ponto é muito importante para todos os tipos de diagnóstico, por exemplo.

Coração

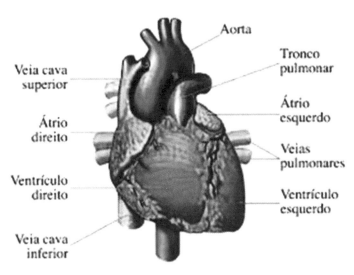

Figura 148 – Coração.

A agitação[35] prejudica o coração e, se isso ocorrer em seu horário de maior funcionamento, das 11h até às 13h, causa perturbações no sono e insônia. Para se evitar isso, deve-se reavaliar as atividades que se faz neste intervalo de tempo e recomendar a interrupção das mesmas.

Para a medicina ocidental o coração ele é aquele músculo responsável pelo trabalho de bombeamento do sangue, enquanto, para a MTC, o que interessa realmente é que ele guarda em si uma Alma, o Shen e um rol de atribuições que serão repassados à pessoa. Ocidentais e orientais, no entanto, acreditam que existem "sentimentos", ligados a ele, não só por armazenar aquela Alma Vegetativa, Shen, mas como o órgão que recebe todas as demais e com as quais mantém relação viva por toda a nossa vida.

Guarda ligação com o Imperador do Céu, gerador de toda a vida e o que a anima, enche-a de vida.

---

35. A agitação ocorre, como princípio, na Madeira, pois a vibração errática no Vento, Chi, origem de todo movimento. Daí irá se refletir em seu filho, o Fogo, para se tratar o problema é necessário que hábitos mentais e físicos sejam reavaliados.

Muitas são as características do coração: comanda o Brilho, o sangue, faz a distinção entre as Almas, leva vida a tudo o que toca, aquece com o calor que dá vida, transforma, alimenta, enche de vida dando aquele impulso vital. No fundo assemelha-se ao Fogo do Céu, aquele Imperador, pois é dele emanado e segue seus destinos.

Sua característica principal é o Aderir, conforme o I Ching. E disso podemos entender a capacidade de fazer parte de algo. Dessa forma, a matéria inanimada reage a esta intervenção aderida a ela daquele Imperador, que, apesar de ser como o Pai, impassível e frio em seus julgamentos é quente em sua essência, gera a vida!

A agitação demasiada prejudica o discernimento deste imperador, o fogo tem uma vibração e não deve ser perturbada. Por isso, evita-se que se mexa com ele. Dá a consciência para si mesmo, de si próprio e do que consegue tocar, o tatear característico.

É unido indissoluvelmente à Água e toda a natureza depende da relação entre esses dois. É o casal YinYang principal e não existem desunidos. Por condição primeira, traz a vida e, como diria meu Mestre, a morte ocorre sempre devido ao Fogo!

Nos rins, encontramos a Vontade, princípio da animação, fagulha deste fogo e que faz uma máquina a vapor dentro da gente.

Da mesma forma que existe um casal fogo água – rins coração, existe também dentro deste fogo um casal YinYang – coração intestino delgado, respectivamente. O coração, que é Yin, age como um receptor daquelas Almas do Céu, os Ben Shen, enquanto a parte Yang, intestino delgado, se incumbe de formar a parte material, sangue e finalmente corpo.

O Intestino Delgado é responsável por quase a totalidade da absorção dos alimentos que entram em nossos corpos; assim, fabrica o sangue que é a substância que irá nos manter neste plano terreno.

MERIDIANO DO CORAÇÃO – MERIDIANO SHAO YIN DA MÃO

O Canal de Energia Principal do Coração é utilizado para o tratamento das afecções do tórax, língua, coração e desordens mentais. Este é um meridiano que pertence ao movimento FOGO/YIN e tem 9 pontos bilaterais. Desses pontos sete são utilizados em Tui Ná, associa-se ao coração e une-se ao intestino delgado, pulmão e rins.

A este trajeto principal associa-se um trajeto Colateral, um Divergente, um Tendino-muscular e uma Região Cutânea. Liga-se ao Meridiano dos Rins, Shao Yin do Pé.

Trajeto:

- Inicia-se no coração, divide-se em ramos. Um deles atravessa o diafragma, indo para o intestino delgado, onde se dispersa; outro ramo parte do coração para o pulmão segue para a axila, onde emerge; desce pela face ântero-medial do braço, até a fossa ante-cubital, segue até o lado ulnar do punho e mão e segue pela borda radial do 5º dedo, onde termina na extremidade do dedo.

⟿ Pontos de Tui Ná ⟾

DGI CHUAN (C1) (Jiquan): Fonte Extrema. Quando se refere ao Coração, está se referindo a problema no Pericárdio.

LOCALIZAÇÃO: No centro da fossa axilar, ao lado da artéria axilar.

INDICAÇÕES: Dores nos ombros, braços, peito e coração; náuseas; enjoo e não conseguir vomitar; corpo e rosto amarelados por causa da relação que há com o Fígado. Especial para mulheres com energia presa por tristeza, fazer massagem circular e usar palavras positivas. Nie, Rou.

DIN LIN (C2) (Quingling): Espírito Azul-Verde. **DIN** – significa Energia da Primavera.

Localização: 3 pa acima do cotovelo, na borda medial do músculo bíceps do braço.

Indicações: Problemas nos olhos, coração e fígado, olhar direto, olhar primaveril; dormência nos braços ligados ao sangue e com os meridianos do Fígado e do Coração; para dor nos cotovelos, usar certa força. Para olhos amarelo-avermelhados, massagear este ponto. Nie forte.

SHAO HAI (C3): Mar Pequeno, alegria de viver, ponto Ho, Movimento Água.

Localização: Dobrando-se o cotovelo, o ponto localiza-se na depressão na extremidade da borda prega transversal da face medial do cotovelo. Elemento Fogo. Este ponto possui relação com os meridianos do Pericárdio e do Pulmão.

Indicações: Zumbido nos ouvidos; falta de memória; torcicolo; gânglios ou caroços no pescoço; tremores nas mãos e braços; dor no peito. Rou, Nie.

LINTAO (C4) (Lingdao): Via do Espírito, Ponto King, Movimento Metal.

Localização: No lado do músculo Flexor Carpal a 1,5 pa do punho.

Indicações: Problema de derrame cerebral com o meridiano do Coração "entupido"; para pessoa que sofreu derrame e não consegue emitir a voz; dor no coração, ossos frios devido ao estado febril, corpo quente; ossos e medula vazia, fria; paralisia das cordas vocais; dor nos braços. Rou, Nie.

SHEN MEN (C7) (Shenmen): Portão do espírito, Movimento Terra, ponto Fonte, e arroio. Raiz original do meridiano.

Localização: Atrás do osso pisiforme, no lado radial do tendão do músculo flexor carpal Ulnar.

INDICAÇÕES: Intestino preso sem força para evacuar; fezes ressecadas; fraqueza de Energia no Triplo Aquecedor; insônia; tontura; epilepsia; ansiedade; palpitação; congestão nasal; insensibilidade na região da garganta; problema de perturbação mental temporária.

CHIAO FU CHUE (C8) (Shaofu): Pequeno depósito, Movimento Fogo, ponto Iong. Este ponto está relacionado com os rins.

LOCALIZAÇÃO: Na palma da mão onde o dedo mínimo, flexionado, tocá-la.

INDICAÇÕES: Dor e mal-estar no coração; dor no peito (angina pectoris); dor de cabeça proveniente de profundidade do pavilhão auditivo, de inflamação auditiva; otite ou gripe; endurecimento das mãos; coceira na região do baixo ventre; retenção ou incontinência urinária.

SHAO TZUN (C9) (Shaochong): Pequena Arremetida, Elemento Madeira, ponto Ting.

LOCALIZAÇÃO: Na borda radial do dedo mínimo, 0,1 pa da unha.

INDICAÇÕES: Agitação; nervosismo; dificuldade de expandir os braços e as mãos, problemas de visão; criança com problemas para caminhar. Nie, rodar o dedo.

Intestino Delgado

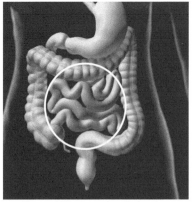

Figura 149 – Intestino Delgado.

O Intestino produz o sangue em conjunto com o baço, ele recebe o bolo alimentar além de processá-lo, conduzindo o que é refinado e movendo o que não é. A maior parte da assimilação ocorre nessa área, mostrando sua ligação forte com a Terra, nutridora. Enquanto o coração melhor relacionado com as veias e artérias, o intestino delgado rege mais os tubos excretores.

MERIDIANO DO INTESTINO DELGADO – MERIDIANO TAI YANG DAS MÃOS

O Canal Principal de Energia do Intestino Delgado é utilizado para tratamento das afecções da cabeça, olhos, ouvidos, garganta e desordens mentais. Na relação entre os 5 elementos, este meridiano, pertence ao elemento FOGO/YANG e possui 19 pontos bilaterais, dos quais utilizamos 9. Está associado com o intestino delgado, conecta-se com o coração e com o estômago.

A este trajeto Principal associa-se um trajeto Colateral, um Divergente, um Tendinomuscular e uma Região Cutânean.

Liga-se ao Meridiano da Bexiga, Tai Yang do Pé.

Trajeto:

- Inicia-se na borda ungueal ulnal do 5° dedo da mão; sobe ao longo da borda ulnal da mão e punho; emergindo no processo estilóide da ulna; segue pela face posterior ulnar; passa pela goteira cubital; segue pela face posterior do braço; emerge na região posterior do ombro; vai para a escápula, indo em ziguezague para a fossa espinhal; na região escapular, cruza com os pontos B36 e B11 e VC14, de onde vem para a fossa supraclavicular e penetra a cavidade torácica, indo para o coração; desce pelo esôfago, atravessa o diafragma, vai para o estômago, toma a direção anterior comunicando-se com VC13 e VC12, saindo um ramo que atravessa o abdômen, indo para o membro inferior até o ponto E39, constituindo ponto Ho do ID;

- da fossa supraclavicular, ascende um ramo para o pescoço e mandíbula, seguindo para o canto externo do olho onde se encontra com o VB1, daí retornando à região malar, penetrando no ouvido no ponto ID19;

- um ramo proveniente da mandíbula vai para a região infraorbital, indo para o canto interno do olho, onde se comunica com B01 e vai horizontalmente até a região zigomática.

⌒━━⌒Pontos de Tui Ná⌒━━⌒

CHIAOTZU (ID1) (Shaoze): Pequeno charco, Movimento Metal, ponto Ting.

LOCALIZAÇÃO: A 0,1 pa da unha, na face ulnar do dedo mínimo.

INDICAÇÕES: Dor de cabeça; endurecimento do pescoço (cervical); dores nos ombros e braços; cansaço ou dor nos olhos; vista turva. Tsá, Nie, Rou.

CHIEN GU (ID2) (QianGu): Vale do futuro, Movimento Água, ponto Iong.

LOCALIZAÇÃO: Na frente da união metacarpofalangeana, na união claro-escuro da pele.

INDICAÇÕES: Dor no pescoço, alisar o meridiano inteiro; dormência nos dedos das mãos (tornozelo = pescoço). Nie, Tsá, Rou.

HOU CHI (ID3) (Houchi): Ravina posterior, Movimento Madeira, ponto da Vitalidade, ponto Arroio, um dos pontos de confluência, ponto de abertura de Du Mai.

LOCALIZAÇÃO: atrás da união metacarpofalangeana, do 5º dedo.

INDICAÇÕES: Febre; inflamação na região da cabeça; dor de cabeça na região da nuca; conjuntivite; zumbido nos ouvidos; surdez. Nie, Rou, Tsá.

WAN GU (ID4): Osso do pulso, ponto Fonte. Raiz original do meridiano.

Localização: À frente do osso pisiforme em uma depressão.

Indicações: Dores no pescoço e na parte inferior dos braços; artrite nos braços; rigidez na nuca; zumbido nos ouvidos. Nie, Rou, Tsá.

YANG LAO (ID6): Apoio do velho, ponto Xi, ponto de Abertura deste Meridiano.

Localização: Na depressão após o Pisiforme.

Indicações: Hipermetropia; vista fraca; dores no pescoço, ombros e braços. Nie, Rou, Tsá.

CHIAO HAI (ID8): Mar pequeno, Movimento Terra, ponto Ho.

Localização: na fossa entre o olecrânio e o epicôndilo medial do úmero na borda lateral do nervo radial.

Indicações: Dores de cabeça, dente, ombros e braços; gengivite. Rou, Nie.

DIEN DGEM (ID9) (Jianzhen): Ombro em pé.

Localização: 1 pa acima da prega axilar posterior.

Indicações: Dor nos ombros; adormecimento nos ombros, mãos e pés; dificuldade de levantar os braços. Nie, Rou.

TIEN TSUNG (ID11) (Tianzong): Ancestral celeste.

Localização: No centro da fossa infraescapular.

Indicações: Formigamento, dor e tensão nos ombros e braços; bursite; dores nos seios e nas costas. Nie, Rou.

Jian Zhong Shu (ID15): Ponto medial do ombro.

Localização: Abaixo do processo espinhoso da sétima cervical, 2 pa para o lado da linha mediana posterior.

Indicações: Rigidez e dores na nuca e ombros; torcicolo. Rou, Nuo.

A Água

É representa pela vontade de realização, Tche, pela nossa Essência, Jing, que é a potência que nos assegura a continuidade de nossa espécie. Jing, que é o amálgama das outras energias que constituem nosso corpo, a Hereditária, Zong, e a Original, Yuan.

Como indico mais à frente no movimento Madeira, a Água é o início do aparecimento das coisas do Universo. Por ser simplesmente o primeiro Filho[36] de todos a aparecer na "Natureza Primordial", é constituída apenas de Céu e Terra.

Figura 150 – Água, princípio Universal.

.O "Abissal", segundo o I Ching, representa as profundezas de onde tudo vem, a origem da vida, a "Mansão dos Mortos" de onde saem as almas que formarão os novos seres, o Norte, Frio, Escuro, a "Porta da Vida" ou Ming Men, a "Fonte Borbulhante" nascente R01, par inseparável do Fogo. Água e Fogo são a unidade primordial, um não existe sem o outro; afinal, são a mesma coisa em estados opostos apenas, e sua união gera o princípio de tudo, o Chi, o vapor que pode representá-los quando unidos. A água é energia condensada, enquanto o fogo é o agente Yang que garante todo o movimento dessa mesma energia.

A água é de onde a vida surge, a água é o Chi materializado, suas propriedades se assemelham ao Chi, fluidez, adaptabilidade, origem, capacidade de geração.

---

36. Ver em o *Pequeno Tratado de Medicina Esotérica Chinesa*, de Lin Chien Tzé, pela Editora Ícone.

A água, em suas diversas aparências, gelo, neve, geada, chuva ou vapor, mostra a relação profunda com o fogo, sua mutação depende deste. À medida que o calor vai aumentando, ela vai alterando sua forma e atuação. Quando analisamos a variação das estações ao longo do ano, verificamos que a vida segue o fluxo do movimento integrado de ambos. No inverno, as criaturas se escondem dentro da terra, assim como a própria água; na primavera, os brotos revelam a integração e a movimentação para cima e para fora do vapor de água; depois, no verão, o encontro chega ao seu ápice e o vapor agora está na atmosfera e as chuvas começam e depois vem a seca do outono, com o começo do recolhimento daquele par indissolúvel. Por outro lado, podemos enxergar que no inverno o calor em baixa não consegue impedir o movimento natural da água de descer às profundezas; com o aumento do calor, a água volta ao exterior e as manifestações começam a ser visíveis, o vento chega, os animais se movem, a vida que começa é fruto deste. No máximo do calor, as árvores voltam a ser frondosas, a água foi levada de sua raiz até suas folhas mais externas e os frutos vão se tornando cada vez mais carnudos, cheios de água, e depois o máximo do calor é revelado pelas intensas chuvas que precedem a redução do calor novamente e o aparecimento da névoa branca de outono, e a seca assim encerra o ciclo anual com o frio.

Sobre a psique humana, a água liga-se ao sobrenatural, com o mundo subterrâneo, onde só as águas conseguem chegar, à profundidade e à escuridão, daí o medo estar ligado a este movimento. O inverno e a noite são de regência deste movimento água e é quando isso fica mais evidente. Por aqui, esta estação é muito amena, perto daquele onde existe neve e muito frio.

A questão da morte, pois a água, além de ser o começo do ciclo da vida, está também ligada ao seu oposto. As coisas sobrenaturais também ficam mais evidentes neste momento. O medo compromete a energia dos rins, a sensação de aflição, de perseguição de cobranças lesam inevitavelmente os rins. No Feng Shui e na Astronomia/

Astrologia Chinesa, a água é representada pela tartaruga, um animal que tem uma couraça nas costas para sua preservação!

O Sistema das Águas compreende: os rins, bexiga, uretra e ureter, o aparelho reprodutor, a possibilidade de geração e manutenção do feto e embrião, o líquido espinhal, a medula, o cérebro, os ossos e também a capacidade de regeneração[37] e formação do corpo.

Bexiga

A bexiga é o órgão mais importante da Medicina Chinesa, além de ter o trajeto mais longo com seus 67 pontos, área mais abrangente e de bastante complexidade, liga-se a todos os órgãos e vísceras através dos Pontos Shu dorsais. O "vapor", Chi, emanado por ela, chega para supri-los com esta importante substância e, é com esta umidade, carregada de Jing – amálgama, que as partes constituintes de nosso corpo irão lidar para gerar e manter a vida. O meridiano da Bexiga liga-se ao Metal, pele e ao sistema do Pulmão também, sendo parte integrante deste grande aparato que é o de captação e de condução da umidade, ligada também à Terra, baço – órgão central da Medicina Chinesa, formadora das estruturas e também portadora da vida, e de nossos espíritos. **Nota:** aqui pode-se entender o duplo significado da "Água destruir/controlar a Terra", pois se existe excesso de umidade nesta, ela enfraquece, mas por outro lado, se a umidade está em falta, ela também perde sua função agregadora. Sua ligação com o Metal, pulmão principalmente, revela sua relação com a energia de proteção Yang de nossos corpos, o Wei Chi, e também com a pele, de regência deste.

A mente chinesa, diferente da ocidental, permeia tudo, nada está isolado, daí sua complexidade. Muito praticamente: pele ressecada pode advir de problemas da bexiga, do pulmão e intes-

---

37. O Jing é a Essência que se acumula na Vesícula Biliar para ser repassado e utilizado durante a assimilação de novos nutrientes durante a alimentação, e assim ser adicionada ao sangue e consequentemente, ter importância significativa para a formação e regeneração corporal.

tino grosso, além da própria terra, baço. A importância do Diagnóstico Energético através dos Pulsos Radiosos é fundamental para se estabelecer onde se encontra a raiz do problema.

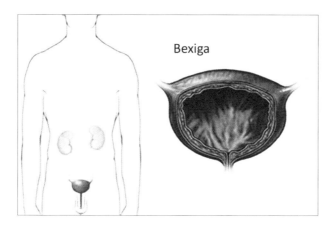

Figura 151 – Bexiga, localização e detalhe.

MERIDIANO DA BEXIGA – MERIDIANO TAI YANG DO PÉ

O Meridiano da Bexiga é utilizado no tratamento da cabeça, fronte, nariz, olhos, região lombar, doenças febris e mentais e em todas as afecções energéticas dos órgãos. O seu meridiano é do elemento ÁGUA/YANG e tem 67 pontos bilaterais, está associado à bexiga, conecta-se aos rins, cérebro, pulmão e coração.

Trajeto:
- começa no canto interno do olho; vai para o crânio, onde se conecta com o Meridiano DU, VG24, e com VB15; vai para o vertéx, onde se conecta ao VG20, saindo um ramo que vai para a orelha, unindo-se aos pontos VG, VB8 e VB12;
- do ponto VG20 sai um canal que entra no cérebro, conecta-se ao ponto VG17 e desce ao longo da nuca, encontrando-se com VG14, separa-se em dois ramos, um segue paralelamente à coluna e na região lombar penetra o abdômen, comunicando-se com os

rins e dispersando-se na bexiga; da coluna lombar segue para a região sacra, glúteos, face posterior da coxa, indo até o cavo poplíteo;

- outro ramo, proveniente da nuca, vai para a região interescápulo-vertebral, desce paralelamente ao outro ramo até a região glútea, onde a atravessa, conectando-se ao VB30, descendo pela face póstero-lateral da coxa até o cavo poplíteo, onde se une com o outro canal; os dois canais seguem pelo músculo gastrocnêmico, reaparecem atrás do maléolo lateral, e chegam até a ponta do quinto pododáctilo.

⟵⟶Pontos de Tui Ná⟵⟶

TIM MEN (B01) (Jingming): Fulgor dos olhos.

LOCALIZAÇÃO: 0,1 pa do lado médio superior do ângulo medial do olho.

INDICAÇÕES: Para qualquer problema de olhos. Dien.

YU ZHEN (B09): Travesseiro de Jade. Ponto de reunião da medula.

LOCALIZAÇÃO: 1,3 pa da protuberância occipital.

INDICAÇÕES: Medula quente; dor de cabeça; sinusite; rinite alérgica; taquicardia; respiração ofegante. Rou, Mo.

SHAN TIEN ZHU (B1O) (Tian Zhu): Pilar celestial.

LOCALIZAÇÃO: Na borda do músculo Trapézio, no nível entre a segunda e terceira cervical.

INDICAÇÕES: Hemorragia nasal em crianças; abaixa a febre; problema estomacal; torcicolo; rigidez e dor na nuca; insônia. Rou, Mo, Nie.

DA SHU (B11) (Da Zhu): Lançadeira grande, mar do ponto de sangue, ponto de reunião da energia dos ossos, um dos oito pontos de influência.

LOCALIZAÇÃO: 1,5 pa lateralmente à borda inferior da espinha, da primeira vértebra torácica.

INDICAÇÕES: Dispersa o calor dos ossos; dores nos ombros e pescoço; torcicolo; gripe; resfriado; tosse. Rou, Mo, Nie, Tsá.

FENG MEN (B12) (Fen Men): Porta do vento.

LOCALIZAÇÃO: 1,5 pa lateralmente à borda inferior da espinha, da segunda vértebra torácica.

INDICAÇÕES: Dores no pescoço e nas costas; derrame; gripe; febre. Rou, Mo, Tsá, Tuei.

FEl SHÜ (B13): Yu do pulmão.

LOCALIZAÇÃO: 1,5 pa lateralmente à borda inferior da espinha, da terceira vértebra torácica.

INDICAÇÕES: Problemas respiratórios. Rou, Mo, Tsá, Tuei.

KO SHÜ (B17) (Geshu): Ponto de assentamento do diafragma, pequeno coração, ponto de reunião do sangue, ponto de acordar. Ponto intermediário que fica entre o coração e o fígado.

LOCALIZAÇÃO: 1,5 pa lateralmente à borda inferior da espinha, da sétima vértebra torácica.

INDICAÇÕES: Hemorragia provocada pelo sangue quente e pressão alta hemorragia em geral. Rou, Mo, Tsá, Tuei.

Pl SHU (B20): Yu do baço.

LOCALIZAÇÃO: 1,5 pa lateralmente à borda inferior da espinha, da décima primeira vértebra torácica.

INDICAÇÕES: Problemas estomacais. Rou, Mo, Tsá, Tuei.

SHEN SHU (B23): Yu do rim, ponto de decisão.

Localização: 1,5 pa lateralmente à borda inferior da espinha, da segunda vértebra lombar.

Indicações: Zumbido nos ouvidos; transpiração em excesso; menopausa precoce; incontinência urinária. Rou, Mo, Tsá, Tuei.

TCHAN SHU (B25) (Dachangshu): Yu do intestino grosso.

Localização: 1,5 pa lateralmente à borda inferior da espinha, da quarta vértebra lombar.

Indicações: Problemas estomacais. Rou, Mo, Tsá, Tuei.

PAN GUAM SHÜ (B28): Yu da bexiga.

Localização: 1,5 pa lateralmente à linha central da coluna, no nível do segundo forame posterior sacral.

Indicações: Para qualquer problema de bexiga. Rou, Mo, Tsá, Tuei.

BAI YUAN SHU (B30) (Bai Huan Shu): Yu do Círculo Branco, ponto associado ao esfíncter anal. Este ponto está ligado à Essência seminal.

Localização: 1,5 pa lateralmente a linha central da coluna, no nível do quarto forame posterior sacral.

Indicações: Problema ocasionado pela não limpeza total do sêmem; dor ciática. Rou, Mo, Tsá, Tuei.

DGI SHI (B32) (Ci Liao): DGI está ligado à uma intenção de vitalidade sexual, é um ponto de Energia que recolhe a Essência.

Localização: Situa-se no segundo forame sacral.

Indicações: Este ponto está ligado à Essência seminal. Rou, Mo, Tsá, Tuei.

WEI YANG (B39): Yang de Equilíbrio, ponto de união inferior do canal do Triplo Aquecedor.

Localização: Situa-se na extremidade externa da prega poplítea, na borda interna do músculo bíceps femoral.

INDICAÇÕES: Ajuda a energia da bexiga, facilitando a descida da urina porque dispersa o calor, o sêmem e o sangue parado e morto. Rou, Mo, Tsá, Nie.

WEI ZHONG (B40): Meio do equilíbrio, Movimento Terra, ponto associado da pele, união inferior da bexiga.

LOCALIZAÇÃO: Meio da prega poplítea.

INDICAÇÕES: Dor e inchaço nos joelhos (+ YIN GU (Rio); dor ciática lombalgia; hemorroidas; caroço nos seios. Rou, Mo, Tsá, Nie.

KUN LUN (B60): Montanha Kun Lun, Movimento Fogo, ponto Rio, pode causar aborto em mulheres grávidas.

LOCALIZAÇÃO: Localizado na depressão entre maléolo externo e o tendão calcâneo.

INDICAÇÕES: Dor de cabeça, tontura e lombalgia. Nie.

A Montanha Kun Lun, ou os Himalaias, são o Centro Magnético da Terra. Segundo os Taoístas, diz-se que todas as pedras, quando rolam ribanceira abaixo, correm em direção à Kun Lun! Por isso é um ponto de fazer "baixar", centrar a pessoa, equilibrá--la, colocando seus pés no chão. Dessa forma, a tontura que ela sente pode ser acalmada com o manuseio deste ponto.

TIN GU (B64) (Jinggu): Osso capital, ponto Fonte, ponto do apetite delicado. Raiz original do meridiano.

LOCALIZAÇÃO: No lado externo do pé, abaixo da protuberância do quinto osso metatarsiano, na união claro-escuro da pele.

INDICAÇÕES: Problemas de joelhos. Nie.

TUNG GU (B66) (Zutonggu): Penetração do Vale Água, ponto Iong, Movimento Água. TUNG – desbloqueio, GU - saída, ânus.

LOCALIZAÇÃO: Na parte ântero-inferior da articulação metatarsofalangeana do quinto pododáctilo.

INDICAÇÕES: Problemas no ânus. Nie.

DGI YIN (B67) (Zhiyin): Extremidade de Yin, Movimento Metal, ponto de equilíbrio geral, ponto Ting. Este ponto possui uma relação com o sistema dos rins.

LOCALIZAÇÃO: No lado externo do quinto pododáctilo, a 0,1 pa posteriormente ao ângulo da unha.

INDICAÇÕES: Dor de cabeça; incontinência urinária; dilatação da próstata; placenta que permanece no útero; dificuldade em engravidar; catarata. Nie.

Rins

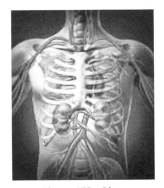

Figura 152 – Rins.

Os rins são duplos, ao contrário do que ocorre com os pulmões, que são considerados "um" na MTC. A dupla natureza dos rins garante uma circulação interna da água, o rim esquerdo pertence à Água propriamente dita, Yin e de natureza fria, enquanto o direito é Yang, de natureza quente e pertencente ao movimento do Fogo.

Os dois em conjunto formam a "máquina a vapor" interna, que impulsiona o corpo e que mantém o sistema funcionando. Se esta máquina parar, nenhum sistema se mantérá.

O rim direito está ligado ao Ming Men, ou Porta da Vida, do qual faz parte. Ele é quente devido à presença de outros fatores também, a Vesícula Biliar, ao Centro I Chiao, da Intenção, que se posiciona entre os dois rins, e a Morada Original do Triplo Aquecedor. Está vinculado por natureza ao homem.

O rim da esquerda, que tem uma natureza fria, por oposição à quente da direita, está atrelado à Terra, que por conceito é fria e úmida. Sua ligação se faz com o Baço, principal órgão Yin, e que está ligado ao sangue, regente da mulher, Xue. Os ciclos da água, ou das marés, atrelados ao movimento da Lua que também é Yin, influenciam no comportamento delas, mulheres. As marés são os próprios ciclos menstruais.

Sangue e Energia são os pilares de funcionamento das pessoas. Como representantes do Sol e da Lua no Céu, e do fogo e da água na Terra, assim são os rins.

Nesta região, encontramos a Energia Essencial, Jing, responsável por arquitetar e por construir o corpo humano à semelhança das Ordenações Celestes. O Shen dos rins é aquele ligado à vontade, Zhi, e nada acontece em nossos corpos ou em nossas vidas sem ela.

O Trabalho Casa Um do Pá Kuá, na configuração do Céu Posterior, revela a capacidade empreendedora da Água, e em seu âmago a força motriz disso tudo está entre os dois rins, aquele Centro Yang, o I Chiao.

Fogo e água estão sempre trabalhando alternadamente para gerar a vida, nunca sozinhos, é dali que nasce o eterno movimento o começo e o fim dos ciclos da vida humana e da natureza.

MERIDIANO DOS RINS –
MERIDIANO SHAO YIN DO PÉ

O Canal de Energia Principal dos Rins é utilizado no tratamento da região lombar, sistema urogenital, garganta, doenças cardíacas e mentais. Em relação aos 5 elementos, esse meridiano é do elemento ÁGUA/YlN e possui 27 pontos bilaterais, está associado aos rins, conectado a bexiga, fígado, coração, pulmão e garganta também.

Trajeto:

- começa no quinto pododáctilo[38], atravessa a planta do pé e emerge na face medial do pé no R2; vai para a parte posterior do maléolo; penetra o calcâneo; sobe pela face medial da perna, onde cruza o BP6; continua pelo músculo gastrocnêmio; atravessa o joelho pela face póstero-medial; sobe pela coxa até o cóccix, encontra o VG1; segue pela face anterior do osso sacro e vértebras lombares; penetra nos rins e bexiga; atravessa o abdômen, conecta--se com o VC3 e VC4, segue paralelamente à linha média subindo pelo abdômen, tórax, terminando na junção esternoclavicular;

- outro ramo mais profundo circula os rins atravessa o fígado e o diafragma, penetra o pulmão, divergindo em um ramo que vai para o coração e tórax e outro para garganta e indo até a língua.

⟨⟨⟨►Pontos de Tui Ná◄⟩⟩⟩

RUN CHUAN (R1) (Yongquan): Fonte Murmurante/Borbulhante, ponto da Coragem, ponto Ho, Movimento Madeira.

Localização: Na planta do pé, posteriormente às articulações metatarsofalangeana, entre o segundo e o terceiro metatarsos.

Indicações: Pressão alta; convulsão; coma; taquicardia (+ PC08); catarata (sedar). Fuo, Fu.

TAl Xl (R3) (Zhao Hai): Mar da Reflexão, Movimento Terra, ponto Fonte e Iu.

Localização: na depressão entre o maléolo interno e o tendão de Aquiles. Raiz original do meridiano.

Indicações: Seda o meridiano do Fígado (caso de insônia); supre a energia do pulmão; atraso menstrual; impotência; cistite; urina presa; problemas no útero e na próstata; nefrite (inflamação renal por uma reação indevida do Sistema Imunológico a uma infecção

---

38. Estimular este ponto ativa a nascente do "Caminho das Águas" e limpa os rins. Precisamente a base do dedo, na lateral, por onde percorre o meridiano da bexiga e seu ponto.

ou inflamação ocorrida em outra parte do corpo). Rou, Nie.

DA ZHONG (R04): Grande Calcanhar, ponto do sono feliz. ponto de Conexão.

Localização: Na face medial do pé, junto ao tendão calcâneo.

Indicações: Insônia (abaixa o Fogo Falso do Fígado); menstruação irregular; problemas no útero e na próstata. Rou, Nie.

SHU CHUAN (R5) (Shuiquan): Fonte de Água, ponto Xi.

Localização: 1 pa abaixo de Tai Xi –R03.

Indicações: Visão turva, problemas genitais.

CHIAO HAI (R6) (Zhaohai): Mar da Iluminação, ponto Lo, um dos oito pontos de confluência, YinqiaoMai.

Localização: Na depressão sob a borda do maléolo interno.

Indicações: Igual aos dos pontos R3 e R5.

FU LIU (R7): Corrente de retorno, Movimento Metal, ponto King. FU – fluir da Água, LIU – desfluir.

Localização: 2 pa acima de Tai Xi.

Indicações: Catarata; hiper-transpiração (hiperidrose) noturna; edema (aumento da quantidade de fluidos nos espaços intercelulares dos tecidos); uretrite; incontinência urinária; nefrite; orquite (inflamação de um ou de ambos os testículos). Rou, Nie.

YIN GU (R1O): Vale Yin, Movimento Água, ponto Ho. YIN – representa Água, GU – ponto de reunião.

Localização: Na face interna do cavo poplíteo, entre os tendões dos músculos semitendinoso e semimembranoso.

Indicações: Cálculos, inflamação e infecção renal; incontinência urinária; paralisia nas pernas; dor nos joelhos; reumatismo; pressão alta. Rou, Nie.

Fogo Ministerial

O Fogo Ministerial é parcela do Fogo Imperial. Tem características diferentes do último no tocante a ser este um "emissário" daquele. Quando na presença do Imperador, o Ministro é apenas um administrador, um funcionário, mas quando está longe daquele se torna o Ministro, carrega as responsabilidades e o nome do Imperador e suas "Ordenações", requisitos para a formação do Ser a quem estas se referem.

O Fogo Ministerial é o caseiro do sítio, ou da casa de campo ou de praia. Na verdade, é um casal que cuida da "propriedade" até a chegada dos patrões, zela pela boa conservação e administra os recursos existentes.

Estes administradores controlam tanto a propriedade, dividindo-a em regiões, os Três Aquecedores e também o Coração. Naquelas regiões estão as Energias importantes à nossa vida, a Zong, a Yuan e a Jing, Acestral, Original e Essencial. A primeira ligada à Terra, a segunda ao Céu e a Terceira de múltipla identidade. A primeira provém da Terra e se aloja na parte superior do corpo; a segunda vem do Céu, mas encontrará morada na parte inferior, enquanto a Essencial ficará bem no meio de nossos corpos.

O Fogo Ministerial merece um tratado exclusivo e seu desconhecimento pelos atuantes da área é preocupante.

O Ministro, como a palavra diz, é um servo, obedece a alguém em posição superior. As palavras ministro, servo e administrador têm origem comum, ou seja, o Fogo Ministerial é um servo do Fogo Imperial que repassa àquele as ordens a serem seguidas e que as cumprirá da melhor forma possível com os recursos disponíveis[39] a este emissário que tem a capacidade para a execução da tarefa que lhe foi designada.

---

39. A vontade do Imperador deve ser seguida, mas o seu Ministro vive na realidade das condições presentes. Para este entendimento, devemos entender que, além da parte sutil do ser, existe a parte material deste. Assim, o que se espera é que o ministro siga o melhor possível as regras ditadas pelo Imperador, mas quando ele chega neste plano material, este se depara com a crua verdade e nem sempre esta corresponde aos planos.

A princípio é servo, depois Ministro imbuído de todas as possibilidades do Imperador, ele faz e desfaz por ordem deste. Mas depois vira um Administrador do que construiu, um capataz!

Pense no papel dele em nossa formação como Ser, como indivíduo, seu comportamento será o mesmo, suas funções idem, sua forma de agir também, suas obrigações, tudo mesmo. E também nossa ligação com ele, nós dependemos de seu gerenciamento para existirmos. Devemos seguir os ditames trazidos por ele para a nossa formação, além de termos de seguir normas do "Império", pois fazemos parte dele; e, por outro lado, colheremos os frutos da sua boa administração e também os frutos do bom estado daquele.

As potências celestes devem ser mantidas aqui no Plano Terreno e quem faz isso é o Fogo Ministerial em suas duas facetas, Triplo Aquecedor e Pericárdio. Eles atuam como uma ancoragem, Figura 153 que será responsável pela manutenção dos dois princípios fundamentais circunspectos dentro de nós. Manterá o fogo que deseja voltar ao Céu preso dentro de nós e, na mesma medida, manterá a água represada, para que não se esparrame também.

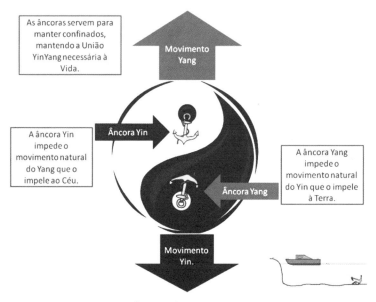

Figura 153 – Ancoragem.

Esta "ancoragem", que mantém presos os dois princípios fundamentais da nossa formação, é a dupla "XingMing". A âncora Yin, fria, fará com que o Fogo não rume ao Céu, sua morada original, enquanto a âncora Yang aquecerá a Água, fazendo-a subir.

Na época de nossa formação feto-embrionária, uma bomba água fogo aparece; depois, ela se separa para a formação do coração e, porventura dos rins. Nesta separação, um aquecedor original é formado e irá habitar a região das águas (rins), aquecendo-os enquanto a porção Yin, mais fria, segue o coração para resfriá-lo em seu ímpeto ascendente.

Enquanto estes dois estiverem atuando dentro de nossos corpos nós estaremos vivos e, se estiverem em seus devidos lugares agindo naquele sentido acima mencionado, estaremos a princípio com saúde.

Invariavelmente, a perda de força destes causará a nossa destruição. A água irá esfriar se o fogo dali diminuir ou apagar e se deslocará para baixo, fazendo morrer a parte física. Se a água enfraquecer, o fogo aumentará e se deslocará para cima.

A separação desses dois princípios é inevitável, tudo o que tem começo tem fim. Assim, conhecendo o mecanismo, podemos adiar a partida!

A diabete é consequência do enfraquecimento do Yang dos Rins, deste Fogo Ministerial, como Triplo Aquecedor. O Dragão que habita a Água é responsável por aquecê-la e se for afetado ou desgastado, não terá mais condições de morar ali, e este voltará para o Céu, sua origem, arrastando a vida da pessoa também.

Alguns dos sintomas deste retorno do Fogo – Dragão ao Céu são: o aumento da pressão arterial, a perda de vida e de calor nas extremidades além da perda da sensibilidade (tato pertence ao fogo), o excesso de sede que é causado pela falta de absorção da água pelo organismo, é também devido à falta do fogo que faz o "aderir". Os pulmões secam, o vapor que vem das profundezas deixará de existir e de agir e a excessiva secura do metal irá matar os órgãos. O Ciclo das Águas ou da Chuva, que também temos dentro de nossos corpos, deixará de existir, e todos os sistemas adoecerão.

Pericárdio

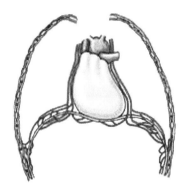

Figura 154 – Esquema do pericárdio.

MERIDIANO DO PERICÁRDIO – MERIDIANO JUE YIN DA MÃO

O Canal do Pericárdio ou Mestre do Coração, ou ainda Circulação Sexo, é utilizado no tratamento do tórax, coração, estômago e desordens mentais. Na relação dos 5 elementos, este meridiano pertence ao elemento FOGO/YIN e tem 9 pontos bilaterais, está associado ao envoltório do coração e com o Triplo Aquecedor.

Trajeto:
- começa no envoltório do coração, formando dois ramos: um desce atravessando o diafragma e penetra o abdômen, onde se conecta com os três aquecedores; o ramo principal percorre o tórax e emerge na axila, desce pela face medial do braço, cotovelo, percorre o antebraço entre os tendões dos músculos, palmar longo e flexor radial do carpo, segue pela palma da mão e percorre a borda ulnal do terceiro dedo; da palma da mão sai um ramo que vai até a extremidade do 4º dedo.

Pontos de Tui Ná

CHI TSU (PC3) (Quze): Charco curvado, Movimento Água, ponto Ho.

Localização: No meio da prega do cotovelo, no lado ulnar do tendão do músculo bíceps braquial.

Indicações: Dor no peito; palpitação cardíaca. Rou, Nie.

NEI GUAM (PC6) (Neiguam): Borda Interna, ponto Luo, um dos oito pontos de confluência, Yinwei, ponto do Amor Perfeito.

Localização: 2 pa acima da prega transversal do punho, entre os tendões dos músculos palmar longo e flexor radial do carpo.

Indicações: Problemas na região do peito; palpitação cardíaca; dispersa calor, sangue e sêmem parado e morto, fazendo a energia fluir. Rou, Nie.

TAN LIN (PC7) (Daling): Grande Barreira, ponto Fonte, Movimento Terra, ponto da Tranquilidade Sexual, ponto Iu (arroio). Raiz original do meridiano.

Localização: Na depressão localizada, no meio da prega transversal do punho, entre os tendões do músculo palmar longo e flexor radial do carpo.

Indicações: Problemas na cabeça. Rou, Nie.

LAO KUNG (PC8) (Laogong): Palácio do aborrecimento, Movimento, Fogo, ponto Manancial. LAO – Cansaço, Kung - Centro.

Localização: No meio da prega transversal da palma da mão, entre o segundo e o terceiro osso metacarpiano.

Indicações: Taquicardia; cede o fogo falso do coração; mal--estar no coração; inchaço que começa na base da língua e espalha pelo corpo todo; caroços ou gânglios; febre em criança que não transpira; excesso de transpiração. Fuo, Fu.

TUN ZUN (PC9) (Zhongchong): Arremetida pelo meio, Movimento Madeira, ponto da Amizade equilibrada, ponto Ting.

Localização: Borda ungueal medial do dedo do meio.

Indicações: Dor de cabeça localizada nas pálpebras e no fundo dos olhos. Nie, Iao, La.

Triplo Aquecedor

Como foi dito, o Triplo Aquecedor é o Administrador do corpo, carrega consigo toda lógica estrutural de nossos corpos e de vida consigo por meio das Dotações, ou Ordenações Celestes. Originalmente, sua morada está em um lugar pertencente à porção mediana do corpo e onde está situado o I Chiao, Centro da Vontade ou da Intenção, força que nos impele a viver e fazer e, que está entre os rins, Ming Men.

MERIDIANO DO TRIPLO AQUECEDOR – MERIDIANO JOVEM YANG DAS MÃOS

O Canal Principal da Energia do Triplo Aquecedor é utilizado para problemas da região temporal, olhos, ouvido, garganta, região das costas, doenças febris, na relação dos cinco elementos. Este meridiano está relacionado ao elemento FOGO/YANG e tem 23 pontos bilaterais.

Trajeto:

- começa na borda ungueal do 4º dedo da mão, sobe por entre os 4º e 5º metacarpos dorsalmente; continua pela face dorsal entre o rádio e a ulna; pelo olecrano e pela face lateral do braço, até o ombro; intercepta o ponto ID12, vai até a coluna e se conecta a VC14; segue pela escápula, cruza a VB pelo ponto 21, penetra na cavidade supraclavicular, vai para o meio do esterno, VC17; une-se ao envoltório do coração; desce através do diafragma até o abdômen, unindo-se aos três aquecedores;

- um ramo sai do VC17, vai para a fossa supraclavicular e para o pescoço, até a orelha, onde cruza na fronte com o canal da

Vesícula Biliar, VB6 e VB4, vai para o maxilar e até o olho, cruza o canal do ID no ponto 18;

- outro ramo sai do ouvido, penetrando-o, sai na frente dele, une-se ao ID no ponto 19, cruza o canal da VB no ponto 3, atravessa o maxilar para terminar no canto do olho no TA23;

- um ramo proveniente do envoltório do coração percorre a parede anterior do abdômen, vai até o ponto B53, constituindo o ponto HO, e segue pelo canal da Bexiga, penetrando a bexiga.

⟳ Pontos de Tui Ná ⟲

WAN TZUN (TA1) (Guanchong): Ataque da Fronteira, Movimento Metal, ponto Ting.

LOCALIZAÇÃO: A 0,1 pa posteriormente ao ângulo ungueal do lado ulnar do dedo anular.

INDICAÇÕES: Dores de cabeça e garganta; coma; febre; úlcera na língua. Nie, Iao, LA.

DJUN JU (TA3) (Zhongzhu): Ilha do Meio, Movimento Madeira, ponto da Alegria Quente, ponto Arroio.

LOCALIZAÇÃO: No lado dorsal da mão, na fossa posterior metacarpofalangeana, entre o quarto e o quinto metacarpos.

INDICAÇÕES: Pessoas desnorteadas; transpiração involuntária pela madrugada; zumbido nos ouvidos; surdez; dores na garganta e nas costas; insônia; mal-estar; cansaço. Nie.

Este ponto corresponde ao ponto LIN CHI (VB41), ponto do equilíbrio.

YANG CHI (TA4): Lagoa Yang, ponto Fonte, ponto de Retorno à Tranquilidade. Raiz original do meridiano.

LOCALIZAÇÃO: Na depressão do lado ulnar do tendão do músculo extensor comum dos dedos, na prega transversa do punho. Nie.

INDICAÇÕES: Síntomas de diabetes, dor no pescoço, pulso, ombros, enurese, resfriado; Nie, Rou.

WEI GUAM (TA5) (Weiguam): Fronteira Externa, ponto Luo, um dos oito pontos de confluência, Yangwei.

LOCALIZAÇÃO: 2 pa acima da dobra dorsal do punho, entre os tendões do músculo extensor dos dedos e extensor do 5º dedo.

INDICAÇÕES: Dores de cabeça e nuca; zumbido nos ouvidos; surdez; paralisia facial. Nie, Rou.

TIAN JING (TA10) Bem Celestial, Movimento Fogo, ponto da Serena Tranquilidade, ponto Ho.

LOCALIZAÇÃO: Na depressão acima 1 pa do olécrano, quando o cotovelo estiver dobrado.

INDICAÇÕES: Asma, epilepsia. Nam.

Madeira

É o primeiro movimento a aparecer na natureza, simplesmente por ser o Chi, Vento, momento original, a primeira manifestação do Tao. É daí que surgem as demais manifestações. A vida como a conhecemos, no entanto, começa a partir do fim da Fase da Água, que é tanto o fim da vida quanto o princípio dela. Em Cronobiologia Chinesa, o estouro da bolsa amniótica é considerado o ápice deste momento. Lembre-se, no entanto, que existe "algo" ali dentro que se agita e que causa este rompimento, que é o princípio Yang ativo existente na madeira.

Assim, a lógica de se ter coisas e acontecimentos misturados se apresentam novamente, é a partir da água, líquido, que a vida se manifesta, é através da criança que nasce do embrião, madeira, e do movimento inerente desta nova forma de vida.

Tudo isso para dizer simplesmente que a madeira é movimento!

Tudo que se move depende da energia da madeira para acontecer, de seu movimento chamado também de "Vento", Chi. Assim foi também com o momento inicial, o vento que surgiu é o motor de Tudo que existe. Vento este que é também uma das formas da energia da madeira se manifestar; na primavera, as crianças brincam com pipas, pela simples razão de que é quando temos mais vento; Chi (Vento) – madeira – primavera – vento. Este move as coisas na natureza e é assim em nossos corpos, o sangue precisa da energia, vento, para se deslocar de um lugar para o outro, assim é a lógica da MTC, basta guardar na mente.

A Madeira é o Chi, e só com isso já dá para perceber a importância dela em nossas vidas, ela é o princípio que apareceu do Wu Chi e que gerou tudo que nos rodeia no Universo. Todas as manifestações que percebemos são decorrentes deste Vento, desta Agitação, deste Movimento. Ele é o Todo, não aquele Imensurável, o Tao, mas o imensurável, filho naquele Plano e Pai neste.

A Madeira é o único movimento que nos remete a vislumbrar algo vivo dentre os cinco, ele reúne em si estas qualidades de estar vivo que os outros não têm, é nele que encontramos a possibilidade de algo, ele próprio, se transformar, crescer, entrar em contato com os demais movimentos, dependendo deles também. Pense em uma árvore para atestar tudo isso: ela depende do calor do Sol para viver, do fogo, depende da água, depende da terra e dos minérios que ela contém para crescer, metal. Ela é a síntese dos demais; ao mesmo tempo, nenhum deles existiria se as qualidades que encontramos na madeira não existissem, sendo o principal o movimento.

O Chi é o princípio original da existência de qualquer coisa: sem a madeira, coisa, o fogo não teria onde se manifestar. O fogo é aderir, mas se não houver a tal coisa como este fogo irá se apresentar, ao menos neste plano em que vivemos, a terra que alimenta aquela árvore é a maneira da terra ser ativa. Só através da madeira viva é que podemos enxergar a terra também como agente constituidor, é desta terra que provém o material necessário à sua materialidade, a água supre necessariamente de uma qualidade que é inerente à própria madeira, a flexibilidade, o que seria impossível haver sem esta. Também neste plano de agir, como penetrar a terra com suas raízes se esta árvore não tivesse aquela força que abre caminhos da água, "água mole em pedra dura tanto bate até que fura"! É esta força das marés que encontramos também na madeira, sua seiva flui da raiz às extremidades devido a este movimento da água, o metal são os minérios que dão sustento a existência da árvore e que completa de certa forma o abrir da terra. Sem eles não haveria onde esta se apoiar, crescer rumo ao Céu, este movimento dá direção, a matéria deve voltar-se para o imaterial, da terra ao Céu.

O Chi ou a Madeira é isso, ele não consegue se esconder de nossa apreciação. Se ele fica extremamente agitado, se transforma em fogo; se vibra menos, pode se transformar em coisas materiais como a água, a terra e o metal, gradativamente. Ele, Chi, na forma de madeira, também é um estágio de vibração mais intensa que as três anteriores.

Vesícula Biliar

Figura 155 – Vesícula Biliar, na parte superior à esquerda.

Seu horário de máximo funcionamento ocorre das 23h até a 1h. Isto quer dizer que a essência do corpo e da natureza vai para este lugar de nossos corpos toda noite, e a partir dali uma nova jornada poderá ser feita na manhã seguinte, pois há energia nova no corpo à disposição. A madeira é onde a vida começa, a força de criação, de renovação, aquele ímpeto inicial é o rebento, a criança em sua força e vitalidade, e é daí que tudo aparece, é deste ponto inicial de onde tudo será criado e que evoluirá até o momento de partida, o fim da vida.

Na Vesícula Biliar será armazenado o Jing, Essência dos Rins, para que se faça o amálgama necessário a toda viabilização da forma de nossos corpos. A incorporação dessa energia essencial será repassada para o físico, via alimentação, por atuação do movimento característico daquela primeira, de seu Chi expansionista e renovador.

Dessa forma, a agitação da vida, aquela manifestação que ocorre na pessoa, de sua necessidade de se regenerar e de gerar filhos, é o fundamento do entendimento desta pequena parte de nossos corpos. Tudo, desde o crescimento do cabelo, das unhas, da pele ou a renovação celular profunda em nós pertence a este reino da Madeira Yang. Na natureza, isso pode ser observado com o aparecimento do broto nas plantas e o surgimento de vida nova, crias e até a movimentação dos insetos dos pássaros no Céu também.

A agitação excessiva lesa sua energia, o que irá perturbar também o coração, e diretamente acabará por causar problemas no estômago. Hoje é muito comum crianças terem excesso de atividades, e, com isso, o déficit de atenção pode surgir. A hiperatividade irá influenciar na incapacidade de concentração, resultado da contradominância; Madeira dominando o Metal.

MERIDIANO DA VESICULA BILIAR – MERIDIANO SHAO YANG DO PÉ

O Canal Principal de Energia da Vesícula Biliar é utilizado no tratamento da orelha, nuca, olhos, garganta, região costal, doenças febris e dores na cintura. Este meridiano pertence ao elemento MADEIRA/YANG e possui 44 pontos bilaterais, está associado à vesícula biliar, ao fígado e ao coração. No Tui Ná, são usados apenas 9 Pontos.

Trajeto:

- inicia-se no canto externo do olho, cruza a têmpora até TA22, ascende até a fronte e vai para E8, desce atrás da orelha; vai para o pescoço, cruza o Meridiano do ID no ponto 17; vai para o ombro e região dorsal onde se conecta com o Meridiano Tu no VG14, indo para a fossa supraclavicular; um ramo emerge por trás da orelha, penetrando-a no ponto TA17, saindo em frente a orelha, interceptando o Meridiano do ID no ponto 19 e o canal do estômago no ponto E7, terminando no lado externo do olho;

- outro ramo desce pela face, do lado externo do olho, e vai para o E5, cruzando o Triplo Aquecedor retornando para a região infra orbital, seguindo para o pescoço, para a fossa supra clavicular onde se junta ao canal da Vesícula Biliar. Daqui um ramo penetra o tórax, atravessa o diafragma, conecta-se com o fígado e vesícula biliar, continuando pelo abdômen, emergindo na região inguinal, contorna os genitais e reaparece no quadril no VB30.

- outro ramo sai da região supraclavicular, vai para a axila, percorrendo a face lateral do tórax, conecta-se com o ponto F13, desce por trás até a região glútea e vai até o sacro, onde cruza com os pontos B31 e B34, descendo pelo quadril, pela face lateral da coxa, joelho, perna, passa pela frente do maléolo lateral, pé, entre os 4º e 5º metatarsos, terminando na extremidade do 4º pododáctilo;

- um ramo sai do ponto VB41 corre entre o 1º e 2º metatarsos, indo até a borda ungueal medial do hálux, conectando-se ao meridiano do fígado.

Pontos de Tui Ná

FENG CHI CHUE (VB20): Barreira do Vento.

Localização: Abaixo da borda occipital, na depressão entre os músculos trapézio e esternoclidomastóideo, na margem do cabelo.

Indicações: Rigidez e dor na nuca; torcicolo; enxaqueca; insônia; rinite; resfriado; hipertensão. Nie.

DIEN DGIN (VB21) (Jianjing): Rota do Ombro.

Localização: Ponto equidistante entre o Dazhui, VG14, e o acrômio, 1 pa acima de TA15.

Indicações: Rigidez e dores nos ombros, dor nos braços, dilatação da tireoide (bócio), dilatação do globo ocular, causado pelo meridiano do Fígado, sedar ou tonificar no caso de mau funcionamento da glândula, mastite, seios doloridos e inchados no período menstrual, caroços nos seios. Tsuei, Tsá, nuo.

Massagem: Não usar pressão muito forte, senão a pessoa pode desmaiar ou até ficar paralisada.

HUAN TIAO (VB3O): Círculo de Saltador.

Localização: Na nádega, na linha entre o hiato da sacra e o proeminente do trocanter maior, um terço da distância lateral na borda inferior do músculo piriforme.

Indicações: Dor na região lombar; paralisia nas pernas; dor ciática. Nam, Rou.

YANG GUAM (VB33) (Xiyangguan): Margem Yang.

Localização: 3 pa acima de VB34, na depressão superior do

epicôndilo lateral do fêmur.

INDICAÇÕES: Dor nos joelhos. Nam, Rou.

YANG LIN CHUAN (VB34) (Yanglinchuan): Fonte da Barreira Yang, Movimento Terra, ponto da Coragem Tranquila, ponto Ho, um dos oito pontos de confluência (tendões), ponto de união inferior. Ponto de reunião de todos os tendões. O YANG representa o meridiano Jovem YANG; o LIN representa um pequeno pico; o CHUAN representa um ponto.

LOCALIZAÇÃO: Na depressão ântero-inferior à cabeça da fíbula.

INDICAÇÕES: Problemas de tendões, ligamentos e tudo que estiver ligado às articulações; dor e inchaço nas pernas; água nos joelhos; artrite; câimbras; dores na cintura e na lombar; dor e cálculo na vesícula biliar. Rou.

HUAN TZUN (VB39) (Xuanzhong ou Juegu): Sino Suspenso, um dos oito pontos de confluência (Esse ponto está associado à medula).

LOCALIZAÇÃO: 2 pa acima do maléolo externo, na borda posterior da fíbula.

INDICAÇÕES: Derrame; imobilidade dos membros; enxaqueca; torcicolo; rigidez e dor na nuca; dor ciática; inchaço nos tornozelos. Rou.

TCHOU SHÜ (VB4O) (Qiuxu): Barreira Solene, ponto Fonte, ponto da Calma Imbatível. Raiz original do meridiano.

LOCALIZAÇÃO: Situa-se na depressão ântero-inferior do maléolo externo, na depressão que está ao lado externo do tendão do músculo extensor longo dos dedos.

INDICAÇÕES: Cálculo, dor e inchaço na vesícula biliar. Rou.

LIN CHI (VB41): Acima das Lágrimas, Movimento Madeira, ponto Arroio, Iu, um dos oito pontos de confluência, ponto de abertura de Dai Mai. ponto de Equilíbrio. LIN CHI significa a pessoa estar em prantos, desanimada.

LOCALIZAÇÃO: Na depressão entre o 4º e o 5º metatarsos.

INDICAÇÕES: Cansaço; desânimo; enxaqueca; mastite; displasia mamária; tontura; equilibra a pressão (baixa/alta); zumbido nos ouvidos. Nie.

CHIAO YIN (VB44) (Qiaoyin):, Orifício Yin, Movimento Metal, ponto Poço.

LOCALIZAÇÃO: 0,1 pa póstero-lateral do leito ungueal do quarto pododáctilo.

INDICAÇÕES: Câimbras. Iao, Nie.

Fígado

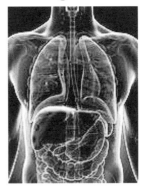

Figura 156 – Fígado.

Depois do natural começo, indicado pela vesícula, tudo deve ser levado a cabo, ou seja, até seu fim, e é pelo movimento da Madeira Yin que isso acontecerá. É como na história da morte de Buda que, sabendo que seu fim estava próximo, chamou todos os animais para lhes falar. O primeiro a chegar foi o Rato, que avisou ao búfalo do acontecido e que, pedindo carona, montara na cabeça deste. Chegando ao seu destino, saltou à frente de sua condução para encontrar o mestre Iluminado em primeiro lugar[40]. É assim

---

40. O conto justificaria uma alteração ocorrida naquela época dos "Signos" chineses que continham muitos outros animais, como exemplo o rato, o morcego e uma espécie de tartaruga, comporiam a antiga forma para os nascidos sob a Madeira.

que se entende a madeira, a espoleta iniciadora do movimento é o Rato, vesícula biliar, uma pequena fagulha que incendiará o restante da floresta. Para se terminar o trabalho, palavra-chave deste movimento, de acordo com meu Mestre, a função e energia do órgão agora mencionado – Fígado são necessários.

Para elucidar e ampliar o sentido deste tipo de comportamento: quantas pessoas só começam as coisas sem nunca as terminar? Isso quer dizer que elas podiam ter energia em sua vesícula biliar para iniciá-las, mas a energia do fígado era carente e por isso não deram continuidade a seus empreendimentos.

No horário de seu maior funcionamento, da 1h até às 3h da manhã, o sangue de nossos corpos se dirige para lá para que através da energia deste órgão, aquele fluido vital possa ser refeito e também carregado de um novo Chi. Assim, se a pessoa estiver em repouso neste horário, o sangue será refeito, além de armazenar em si uma nova carga de energia para que o corpo possa funcionar o melhor possível até que isso se repita na noite seguinte.

MERIDIANO DO FÍGADO – MERIDIANO JUE YIN DO PÉ

O Canal Principal de Energia do Fígado é utilizado no tratamento da cabeça, hipocôndrio, pelve e sistema urogenital. É um meridiano que pertence ao elemento MADEIRA/YIN e possui 14 pontos bilaterais, associa-se ao fígado, conecta-se a vesícula biliar, estômago, pulmão, rins e cérebro. Em Tui Ná, são apenas cinco os pontos utilizados.

Trajeto:
- inicia-se na borda ungueal lateral do hálux, dorso do pé, passa anteriormente ao maléolo medial, cruza com o canal do BP, no ponto 6, segue pela face póstero-medial do joelho, coxa, contorna os genitais, penetra na pelve, conecta-se ao Ren nos pontos

VC2, VC3 3 VC4, passa junto ao canal do estômago e penetra o abdômen, unindo-se com o fígado e conectando-se à vesícula biliar; continua atravessando o diafragma, a região do hipocôndrio, vai para o pescoço, na região da faringe, penetra na nasofaringe, emergindo no olho, vai para a cabeça, onde cruza o Meridiano Tu no vértex, terminando na região têmporo-malar do outro lado;

- um ramo sai abaixo do olho e rodeia a boca;
- um ramo proveniente do fígado atravessa o diafragma e une-se aos pulmões.

Pontos de Tui Ná

TA TUEN (F1) (Qiaoyin) DADUN: Grande Estima, Movimento Madeira, ponto Poço.

LOCALIZAÇÃO: 0,1 pa lateralmente ao ângulo externo do hálux.

INDICAÇÕES: Embriaguez; menstruação hemorrágica; dor de cabeça localizada nas pálpebras e no fundo dos olhos; hérnia; dores no útero e no pênis. Iao, Nie.

Massagem: Sedar o Fogo Falso dos meridianos do Fígado e dos Rins.

SHIN TIAN (F2) (Xingjian): Espaço de Marcha, Movimento Fogo, ponto da Tranquilidade Feliz, ponto Manancial.

LOCALIZAÇÃO: Entre o primeiro e o segundo pododáctilo, à frente das articulações metatarsofalangeanas.

INDICAÇÕES: Hemorragia; menstruação irregular; hipertensão; insônia. Nie.

TAl TZUN (F3) (Taichong): Suprema arremetida, Movimento Terra, ponto Fonte, ponto do Relaxamento Total, ponto Arroio. Raiz original do meridiano.

LOCALIZAÇÃO: Entre o primeiro e o segundo pododáctilo, atrás das articulações metatarsofalangeanas.

INDICAÇÕES: Urina presa; dor no fígado. Nie.

ZHANG MEN (F13): Portão do Capítulo, ponto Mo, Alarme do baço, um dos oito pontos de confluência, que domina os órgãos, ponto Mestre dos órgãos. Ponto de reunião dos cinco órgãos.

LOCALIZAÇÃO: No lado do abdômen, na borda inferior da décima primeira costela.

INDICAÇÕES: Problemas relacionados às cavidades inferiores (uretra e ânus); seda o calor, quando há em um dos 5 órgãos; problema de estômago (sedar). Rou.

CHI MEN (F14): Portão do Período, ponto Mo, de alarme do fígado. Ponto de reunião de sangue e energia, porta de energia.

LOCALIZAÇÃO: Diretamente abaixo do mamilo, entre a sexta e a sétima costelas.

INDICAÇÕES: Ar congestionado no peito; hepatite. Rou.

Vasos Maravilhosos

Os Vasos Maravilhosos pertencem a uma lógica diferente a dos meridianos. Enquanto estes últimos são como rios, aqueles se assemelham aos lençóis freáticos. Águas subterrâneas, e não aparentes diretamente, só podem ser localizadas através dos próprios meridianos.

Além de manter outra semelhança com tempo, os Vasos Maravilhosos são os Proto Rios, antigos, muito antigos. Enquanto estes se apresentam desde nossa formação embrionária, os meridianos podem estar localizados em diversas fases de nossas vidas e são concluídos, ao menos quando falamos de Meridianos Principais, aos sete anos de nossas vidas.

Eles, em associação com os Meridianos Tendinosos ou Tendino musculares, formam o "Ovo" primordial, carregando as informações pertinentes à nossa geração dentro deles, como reserva de informação e direcionamento de criação de nossos corpos.

Fazem Ren Mai e Du Mai o Microcosmo humano, partem não só do períneo como é apresentado na maioria dos atlas que falam sobre meridianos, mas sim da porção mediana entre o 3º e 4º ventrículo cerebral, de acordo com a Tradição Taoísta.

VASO (MERIDIANO) REN MAl (VASO CONCEPÇÃO) – MERIDIANO EXTRAORDINÁRIO - YIN

Esse é um vaso Yin, tem efeito regulador sobre os outros meridianos Yin e produz um efeito sobre o aquecedor inferior e a capacidade de conceber. Possui 24 pontos localizados na parte média do peito. 6 são utilizados no Tui Ná.

Trajeto:

- começa na cavidade pélvica, segue adiante cruzando a região púbica; sobe pela linha média do abdômem[41]; atravessa o peito, continua até a garganta até chegar à mandíbula;

- um ramo faz uma volta em torno dos lábios e emite outro ramo que sobe até os olhos.

◁──▷ Pontos de Tui Ná ◁──▷

ZHUN DGI (REN3) (Zhongji): Extremidade média, ponto Mo da bexiga. Este ponto está ligado ao meridiano da Bexiga.

Localização: 4 pa abaixo do umbigo.

Indicações: Incontinência urinária; impotência; espermatorreia; menstruação irregular; problemas de bexiga.

---

41.   O Mestre Liu Pai Lin nos ensinou que os Meridianos Ren e Du Mai nascem, na realidade, na região entre o cerebelo e o cérebro, descem pela medula se ligam aos rins e saem à superfície pela região do períneo.

GUAN YUAN (REN4): Origem da Borda, ponto Mo do intestino delgado.

Localização:3 pa abaixo do umbigo.

Indicações: Supre a Energia Original, a Essência; dificuldade em engravidar; diarreia; menstruação difícil; cólica menstrual.

CHI HAI (REN6) (Qihai): Tân Tien, ponto do mar de energia. CHI HAI – Mar de Energia.

Localização: 1,5 pa abaixo do umbigo.

Indicações: Menopausa precoce; corrimento; menstruação irregular; dor abdominal; impotência; espermatorreia; desbloqueia a energia, facilitando a descida da urina, porque dispersa o calor, sangue e sêmen parado e morto.

ZHONG WAN (REN12): Ducto Médio, ponto Mo do estômago, um dos oito pontos de influência das vísceras. Ponto de reunião das seis vísceras. Este ponto está ligado ao meridiano do Estômago.

Localização: 4 pa acima do umbigo.

Indicações: Sensação de calor no organismo; mal-estar na energia; gastrite; enjoo; vômito; dor estomacal; diarreia.

SHAN ZHONG (REN17): Dentro da Mama, ponto Mo de PC, um dos oito pontos de influência que domina a energia vital (energia do tórax). Ponto de energia do corpo todo.

Localização: Na linha média do esterno, na altura do quarto espaço intercostal.

Indicações: Bronquite; dor no peito.

TIEN TU (REN22) Arremetida do Céu, ponto Janela do Céu.

Localização: No centro da fossa supra esternal.

Indicações: Asma.

* utilizar-se da manobra Rou em todos os pontos.

VASO (MERIDIANO) DU MAl (VASO GOVERNADOR) – MERIDIANO EXTRAORDINÁRIO – YANG

É de natureza Yang, atua principalmente sobre as energias dos meridianos Yang, possui 27 pontos, indo do cóccix, até a gengiva superior.

7 pontos são utilizados no Tui Ná.

Trajeto:
- começa na cavidade pélvica e sobe pelo meio da coluna, até penetrar no cérebro;
- o ramo principal continua acima do topo da cabeça, desce pela testa e nariz e termina na gengiva superior.

Pontos de Tui Ná

MING MEN (DM4): Portão da Vida, ponto da Segunda Juventude.

LOCALIZAÇÃO: Abaixo da apófise da segunda lombar.

INDICAÇÕES: Lombalgia; cansaço; hemorroidas; impotência; menstruação irregular; menopausa precoce; problema estomacal em crianças; supre o Fogo dos Rins para ajudar os líquidos da bolsa urinária a serem evaporados; problemas de natureza fria, ligados ao meridiano da Bexiga, problemas crônicos. Rou, Tsá, Nuo.

T'AO TAO (DM13): Via do Forno, ponto da Salvação Física e Mental. T'AO – caminho de passagem, ânus.

Localização: Abaixo da apófise espinhosa da primeira torácica.

INDICAÇÕES: Hemorróidas. Rou, Tsá, nuo.

TAN TSUEI (DM14) (Dazhui): Vértebra do Grande Martelo.

LOCALIZAÇÃO: Abaixo da apófise espinhosa da sétima cervical.

INDICAÇÕES: Gripe; crise de bronquite; asma; febre; tosse; rigidez na nuca e nas costas. Rou, Tsá, Nuo.

YA MEN (DM15) Portão do Mutismo, ponto do retorno à Vida.
LOCALIZAÇÃO: 0,5 pa acima da linha dos cabelos.
INDICAÇÕES: Hemorragia nasal; dificuldade de falar; comportamento maníaco. Rou, Tsá, Nuo.

FENG FU (DM16): Porta do Vento.
INDICAÇÕES: Dor de cabeça; gripe; derrame.
MASSAGEM: A sedação nesse ponto deve ser suave, não massagear este ponto por muito tempo senão o paciente terá tonturas. Rou, Tsá, Nuo.

BAI HUI (DM20) Cem Reuniões, ponto da Memória Inteligente.
LOCALIZAÇÃO: 5 pa atrás da linha do cabelo, ou 7 pa acima da linha posterior do cabelo.
INDICAÇÕES: Falta de memória; dor de cabeça; epilepsia; insônia; hemorroidas; prolapso do ânus e do útero (queda do útero para dentro da vagina ou mesmo projeta-se para fora dela. Isto é comum depois da menopausa); menstruação hemorrágica; provoca a subida da Energia Yang e a descida da Energia Yin. Rou.

CHIAN CHIN (DM23) (Shangxing): Estrela Superior.
LOCALIZAÇÃO: 1 pa acima da linha anterior dos cabelos.
INDICAÇÕES: Hemorragia nasal; dor de cabeça na fronte. Rou.

Apêndice.

União inferior – Ponto relacionado com a Fisiologia das Seis Vísceras e por onde a energia do Canal de Energia passa elas.

Pontos de Influência – São aqueles onde se concentram a Energia Essencial, a Energia do Tórax, do Sangue, dos Tendões, dos Vasos, dos Ossos e da Medula.

Pontos Mo – Ou Ventrais, são pontos onde se concentram a Energia dos Órgãos.

Pontos Xi – Pontos onde a energia Chi e o sangue, Xue, se concentram e se aprofundam.

Pontos de Confluência – São aqueles pontos onde os oito Canais de Energia Curiosos (Vasos Maravilhosos) confluem com os doze canais de Energia Principal.

Pontos Shu – ou Dorsais, são aqueles pontos onde a energia dos órgãos internos se transporta e se dispersa.

Pontos Shu Antigos – São aqueles de natureza, iniciam-se por Metal nos meridianos Yang e Madeira nos meridianos Yin, seguem a geração em sua sequência e se acoplam em casais; Metal – Madeira; Água – Fogo... Foram apresentados por seus "movimentos".

Ponto Fonte – é onde é retida a Energia Original, promove as atividades fisiológicas.

Ponto Luo – ou Conexão, é aquele que comunica os Canais de Energia acoplados, interior-exteriormente, normaliza a circulação de energia, Chi, e sangue, Xue.